프로 사회인의 첫걸음

2판

유한수 강용혁 김은희 공저

이프레스

머리말

현재 정보통신 기술의 발전과 더불어 4차 산업혁명은 지식 정보화 사회 각 분야에 많은 영향을 주고 있다. 이 책은 국가직무능력표준(NCS) 기반으로 4차 산업혁명 시대에 우리나라 프로 사회인들에게 공통적으로 요구되는 직무능력과 정보능력 및 리더십을 배울 수 있도록 구성하였다.

1부에서는 직무를 효율적이고 원만하게 수행하기 위한 직무능력을 습득하는 방법들을 다룬다. 1장 자원관리능력에서는 업무 수행에 필요한 자원관리, 즉 시간관리, 예산관리, 물적자원관리, 인적자원관리 방법을 습득하며, 2장 조직이해능력에서는 직업인으로서 조직의 경영, 체제, 업무 등을 이해하는 능력 등을 학습한다. 3장 직업윤리에서는 올바른 근로윤리, 공동체 윤리, 직장예절 등을 학습한다.

2부에서는 4차 산업혁명 시대에 중요성이 점차 확대되고 있는 정보능력을 다룬다. 4장 컴퓨터 시스템 활용에서는 업무를 수행하는 데 필요한 컴퓨터 활용 능력을 배우기 위해 기초적인 시스템에 대한 소개와 엑셀 프로그램을 기반으로 데이터를 처리하는 방법을 배운다. 5장 문제해결과 프로그래밍에서는 문제 해결을 위해 데이터를 수집하는 방법과 다양한 분석 기법을 배우며 간단한 프로그래밍에 대해 소개한다.

3부에서는 불확실한 미래에 대비한 필수 리더십 역량들을 소개한다. 6장 비전 제시에서는 비전의 정의와 예시를 바탕으로 실제 미래의 방향성을 반영하여 개인과 조직의 비전을 만들어 본다. 7장 자기주도성에서는 자기주도성을 4차 산업시대 조직의 유기적인 형태에 필요한 필수역량으로 보고 이를 습득할 수 있는 셀프리더십 전략과 목표설정 방법을 제시한다. 마지막으로 8장 구성원의 이해에서는 글로벌 시대의 조직의 특성, 조직문화, 구성원을 이해하고 구성원의 다양성을 경쟁력으로 연결시킬 수 있는 개인과 리더로서의 자질을 기른다.

이 책은 미래 사회인들에게 성공적으로 4차 산업혁명 시대를 적응해 나갈 수 있도록 NCS기반으로 많은 내용을 효과적으로 전달할 수 있도록 노력하였으며, 대학생과 예비 직장인들에게 필요한 세 가지 요소인 직무능력, 정보능력, 리더십을 향상시키는 데 도움이 될 것으로 확신한다. 끝으로 이 책이 나오기까지 많은 도움을 주신 이프레스 출판사 여러분께 진심으로 감사의 인사를 드린다.

저자 유한수, 강용혁, 김은희

차례

PART 02 정보능력

PART 03 리더십

01 PART

직무능력

CHAPTER

01 자원관리능력

학습목표

직장 업무 수행에 필요한 자원이 무엇인지 확인하고, 이를 확보하여 업무 수행에 활용할 수 있다.

1. 시간관리의 중요성을 이해하고 시간계획을 세울 수 있다.
2. 예산관리의 개념과 예산의 구성요소를 이해하고 예산을 수립할 수 있다.
3. 물적자원의 종류, 중요성을 이해하고 합리적 물적자원관리를 설명할 수 있다.
4. 조직, 개인 측면에서의 인적자원관리 방법을 활용할 수 있다.

1 자원의 의미와 관리

1) 자원의 의미

조직은 한정된 자원의 합리적 이용을 통하여 최대의 성과를 거두어야 한다. 자원 투입량에 비해 높은 성과를 내야 하므로 자원관리는 중요한 요소가 된다.

자원은 조직 활동에서 사용되는 시간, 자금, 물적자원, 인적자원을 의미한다. 자원들은 '유한성'이라는 한계를 갖고 있다. 개인이나 조직에게 주어진 시간, 자금, 물적자원, 인적자원은 한정되어 있으며, 한정된 자원을 어떻게 효율적으로 활용하느냐가 중요하다.

따라서 시간관리능력, 자금관리능력, 물적자원관리능력, 인적자원관리능력은 개인, 조직에게 중요한 능력이다.

2) 자원관리 단계

자원을 적절하게 관리하기 위해서는 다음과 같은 과정을 거쳐야 한다.

(1) 자원의 종류, 양 확인

업무 수행 활동에 어느 정도의 시간, 자금, 물적자원, 인적자원이 필요한지를 구체적으로 확인한다.

(2) 이용 가능한 자원 확보하기

자원 확보 시 필요한 양보다 여유 있게 확보할 필요가 있다. 실제 업무 수행에서 계획보다 많이 필요한 경우가 있기 때문에 여유 있게 확보하는 것이 바람직하다.

(3) 자원 할당 계획 세우기

자원을 필요한 업무에 할당하는 계획을 세워야 하는데, 중요한 것은 업무, 활동의 우선순위를 부여하고 계획을 세워야 한다. 자원이 실제 업무 활동을 수행하는 데 부족할 경우 우선순위에 따라 자원 할당 계획을 수립하는 것이 바람직하다.

(4) 계획대로 수행하기

업무 수행 단계로서 계획에 따라 업무를 수행해야 하는 단계이다. 계획에 너무 집착할 필요는 없지만, 계획대로 수행하는 것이 바람직하며, 수정할 경우는 전체 업무 계획에 어떤 영향을 주는지 고려하여야 할 것이다.

2 시간관리능력

1) 시간관리의 의의

시간은 개인, 기업에게 중요한 요소이다. 조직은 업무 수행 소요시간을 단축하였을 때 많은 효과를 볼 수 있으며, 시간관리능력은 직업인으로서 갖추어야 할 능력이다. 누구에나 주어지는 똑같은 시간이지만, 어떤 사람들은 시간관리를 통해 최대의 효과를 얻는 것이다.

시간관리란 개인생활이나 사회생활을 하는 데 있어서 각자 삶의 목표에 적합한 일정을 만들고 시간을 유용하게 사용하는 기술을 의미한다.

시간관리를 해야 하는 이유는 시간을 효과적으로 관리함으로써 생활을 개선하는 데 있다. 그중 스트레스 감소, 균형적인 생활, 생산성 향상, 목표 달성이 대표적인 예이다.

(1) 스트레스가 줄어든다.

모든 업무 수행에는 시간이 필요하다. 어떤 일을 하는 데 예상보다 더 많은 시간이 소요되었다면 시간을 낭비한 것이며, 낭비한 시간 때문에 업무 시간이 부족해지면 스트레스가 생긴다. 이런 경우 합리적 시간관리를 통하여 일을 수행하는 것이 스트레스를 줄이는 방법이라 할 수 있다.

(2) 균형적인 삶을 영위할 수 있다.

많은 사람들이 과도하게 직장 업무를 해야 하며, 모바일 환경에서는 집에서도 일을 계속해야 하는 경우가 있는데, 이러한 사람들 대부분은 업무시간 내에 일을 완료하지 못하는 사람들이다.

이는 잘못된 시간관리의 결과이며, 시간관리를 잘 한다면 업무 수행 시간을 줄이고, 일과 가정, 여가를 동시에 즐길 수 있게 된다.

(3) 목표를 달성할 수 있다.

목표 달성을 위해서는 시간이 필요하며, 목표의 설정과 시간관리는 성공적인 업무 수행을 위해 매우 중요하다.

2) 시간낭비 요인

업무 수행 시간이 많이 소요된다는 것은 시간을 낭비하는 요인이 있다는 것이다. 시간낭비 요인은 2가지로 구분할 수 있는데, 첫째는 외적 시간낭비 요인으로서, 외부인이나 외부에서 일어나는 요인에 의한 것이다. 직장동료, 고객들, 교통 혼잡 등으로 인한 것으로서 본인이 조절할 수 없는 측면이다.

둘째는 내적 시간낭비 요인으로 '습관'을 들 수 있다. 일정을 미루는 것, 계획의 부족, 필요 없는 일을 거절하지 못하는 우유부단함 등이 내적 시간낭비 요인이다.

또한 마감 기한을 지키는 것보다는 결과의 질을 중요하게 생각하는 경우가 있는데, 기한을 넘겨서는 안 된다.

이처럼 시간관리를 소홀하게 하는 요인들을 제거할 경우에 시간관리가 이루어질 것이다.

3) 시간 계획

대부분의 사람들이 업무 계획을 세우는데, 현실적으로 계획대로 지켜지지 않는다. 이는 시간계획을 수립하는 데 있어서 노하우가 없기 때문이다.

좋은 계획은 많은 시간을 절약한다. 시간계획이란 시간 자원을 최대한 효율적으로 활용하며, 최소 시간으로 최대 목표를 달성하는 것을 의미한다.

효율적인 시간계획 작성 방법은 다음과 같다.

① 명확한 목표 설정하기: 먼저 목표가 명확하게 설정되어야 한다.

② 일의 우선순위 정하기: 일반적으로 일이 가진 중요성, 긴급성을 기준으로 일의 우선순위를 결정한다.
③ 예상 소요시간 결정하기: 각 업무에 소요되는 예상 시간을 결정한다.
④ 시간계획서 작성하기: 우선순위, 소요 시간을 토대로 시간계획서를 작성하는 것이다.

모든 시간을 계획에 따라 사용하는 것은 현실적으로 불가능하므로 어느 정도 시간을 계획된 행동에 배정해야 하는가에 대한 궁금증을 가질 수 있다. 시간계획의 기본 원리로 60 : 40의 규칙이라는 것이 있는데, 이는 주어진 시간 중 60%에는 계획된 행동을 배정한다는 것이다.

3 예산관리능력

1) 예산관리의 의의

대부분의 활동에는 돈이 필요하기 마련인데, 개인이나 조직이 활용 가능한 돈은 한정되어 있으므로 정해진 돈을 효율적으로 사용하는 것이 중요하다.

개인이나 조직의 예산은 한정되어 있으므로 예산을 효율적으로 사용해야 한다. 예산관리능력은 이용 가능 예산을 확인하고, 사용 계획을 수립하여 계획대로 진행하는 능력이다. 그리고 예산을 정확하게 수립하였더라도 활동을 진행하는 과정에서 계획에 따라 관리해야 한다. 예산관리는 예산을 수립하고 집행하는 모든 과정을 의미한다.

2) 예산의 구성요소

사람들을 어떤 활동을 하기 전에 소요될 돈을 미리 계획하고 실행한다. 하지만 계획과 실제가 일치하지 않는 경우가 있다. 이 경우 예산 계획이 바뀌게 되므로 혼란이 생기게 된다. 이는 예산의 구성요소를 정확하게 이해하지 못하였기 때문이다.

어떤 활동이나 사업의 예산을 잡는 작업은 쉽지 않다. 그 이유는 추정해야 할 많은 종류의 비용이 있기 때문이다. 예산 구성요소는 직접비용과 간접비용으로 구분된다.

'직접비용'은 제품 생산과 직접적으로 관련된 비용이며, 직접비용에는 재료비, 인건비 등으로 구분된다. '간접비용'은 제품 생산에 간접적으로 관련된 비용이다. 간접비용의 예로는 보험료, 건물관리비, 광고선전비, 통신비, 공과금 등이 있다.

예산 관리의 첫 번째 단계는 예산이 필요한 활동들을 도출하는 것이다. 두 번째 단계는 각 활동별로 예산 지출 금액을 확인하고 우선순위를 배정함으로써 예산이 우선적으로 배정될 활동을 도출해야 한다. 세 번째 단계는 활동 우선순위를 결정해야 한다. 핵심적 활동과 부수적 활동을 구분하여 예산이 부족할 경우에는 핵심활동 위주로 예산을 편성해야 한다. 그 다음 선정된 활동들에 대한 예산을 배정하는 단계이다. 그리고 큰 단위의 예산을 수립할 경우, 해당 기관의 규정을 잘 숙지해야 한다.

3) 예산 집행 관리

예산 계획은 잘 세웠지만, 집행 과정에서 적절하게 관리하지 못하여 문제가 생긴 경우가 있을 것이다. 예산 관리에서는 수시로 예산 사용 내역을 점검하는 것이 필요하다. 이는 사업체의 예산에만 해당되는 것은 아니며, 직장인 개인월급, 용돈 등의 경우에서도 마찬가지이다.

생활비 관리를 위해 가계부를 작성하는데, 가계부는 지출 항목들이 어떤 것이 있으며, 그 금액들을 매일 기록함으로써 생활비 지출을 관리하는 역할을 한다.

가계부의 효과적 관리를 위해서는 '지출액'을 '예산'과 비교하여 차액을 향

후 예산 설정에 참고하는 것이 필요하다.

직장에서의 예산을 관리하기 위해서도 수시로 예산 사용 금액을 확인하는 것이 필요하다. 관리자는 '실행예산 대비 사용실적' 워크시트 작성을 통해 예산관리를 할 수 있으며, 워크시트의 예는 다음과 같다.

표 1-1 '실행예산 대비 사용실적' 워크시트

예산 집행 실적

항 목	배정액	당월 지출액	누적 지출액	잔액	사용률(%)	비 고
합 계						

출처: 한국산업인력공단(2017). 직업기초능력프로그램 자원관리능력 학습자용 워크북. p. 71.

이를 통해 각 항목의 예산이 어느 정도 남아 있는지를 파악 가능하다. 이를 하지 않을 경우에는 지출 초과로 인해 곤란함을 겪을 수 있다. 그러므로 예산 집행 내역과 계획을 평소에 비교, 검토하는 것이 요구된다.

4 물적자원관리능력

1) 물적자원의 의의

물적자원이 적재적소에서 활용되어야 하며, 필요한 시기에 물적자원이 확보되어야 업무 수행이 원활하게 진행된다.

물적자원은 '자연자원'과 '인공자원'으로 구분할 수 있다. 자연자원은 석유, 석탄, 철광석 등을 가리킨다. 반면 인공자원은 인위적 가공을 통해 만든 물적자원으로 시설, 장비 등이 포함된다.

또한 개인에게도 물적자원 관리는 중요하며, 물적자원을 잘 관리해야 필요한 경우에 이를 적절하게 활용할 수 있을 것이다. 그렇지 않을 경우에는 해야 할 활동을 하지 못하고, 필요한 물적자원을 확보하기 위해 많은 시간을 할애해야 할 것이다. 따라서 개인, 조직에 필요한 물적자원 확보, 관리가 중요하다고 할 수 있다.

2) 물적자원 활용 저해 요인

많은 경우에 보유하고 있는 물적자원을 적절하게 활용할 수 없었던 경험이 있을 터인데, 이와 같이 물적자원의 활용을 저해하는 요인은 3가지 유형으로 구분할 수 있다.

(1) 보관 장소 확인이 안 되는 경우

한번 활용한 물품을 아무 곳에나 놓아두는 경우가 있다. 아무렇게나 물품을 보관하는 경우에는, 나중에 그 물품을 찾기 어려워지게 된다. 그 결과 물적자원이 적시에 공급이 되지 않게 되면 본래 목적을 거둘 수 없게 된다.

(2) 훼손된 경우

물품의 특성에 적합하게 관리하지 않으면 물품의 성능 등이 저하되므로 보유하고 있는 물건을 특성에 적합하게 관리하여 훼손되지 않도록 하여야 한다.

(3) 분실한 경우

물품을 분실하는 경우 경제적인 손실을 가져오며, 동일 물품을 시중에서 구입할 수 없는 경우도 있으므로 분실을 막아야 한다.

3) 물적자원 관리 과정

물품을 적절하게 보관하지 않으면 물품을 찾는 것이 어려워지며, 물건의 훼손, 분실로 이어질 수 있으므로 적절한 과정을 수립하여 물품을 보관, 관리해야 한다.

(1) 사용품과 보관품의 구분

해당 물품이 반복적으로 계속 사용되는 것인지, 그렇지 않은 물품인지 구분하여야 한다. 그렇지 않으면 반복적으로 활용할 물품을 창고 등에 보관하였다가 다시 찾는 경우가 발생하게 될 것이다.

(2) 동일, 유사 물품의 분류

같은 물품은 같은 장소에 보관해야 하며, 유사품은 인접 장소에 보관해야 한다. 이를 통해 물품을 쉽게 찾을 수 있다.

(3) 물품 특성에 적합한 보관 장소 선정

개별 물품 특성에 적합한 보관 장소를 선정해야 한다. 예를 들어 유리의 경우 쉽게 파손 우려가 있으므로 따로 보관해야 한다. 그 다음 활용 빈도가 높은 품목은 출입구 쪽에 보관하여 가져다 쓰기 용이하도록 해야 한다.

(4) 물적자원 관리 방법

다량의 물적자원의 효율적 관리 방법들이 개발되고 있다. 다량의 물품을 취급하는 할인 매장 같은 곳에서는 바코드와 QR코드를 활용하여 물품 관리를 하고 있다.

바코드(bar code)란 굵기가 다른 '검은 막대'와 '하얀 막대'의 조합을 통해 문자, 숫자를 코드화한 것이다. QR코드(Quick Response Code)는 흑백 격자무늬로 이루어져 있으며, 기존 바코드에 비해 넉넉한 용량으로 많은 정보를 담을 수 있다.

바코드 원리는 기호화를 통해 물품을 관리하는 것이다. 개인이 소유하고 있는 물품도 기호화를 통하여 위치, 정보를 작성해 놓으면 보유 물품의 종류, 물품의 위치를 쉽게 파악, 활용 가능하다. 이러한 분류를 통해 보유 물품에 대한 관리, 구입해야 할 물품 등을 쉽게 확인할 수 있으므로 효율적 물품관리를 할 수 있다.

이와 같은 효과적 물적자원관리를 통해 자원의 절약, 적재적소 물적자원 투입이 이루어질 것이다.

5 인적자원관리능력

1) 인적자원의 의의

역량 있는 구성원 채용, 그리고 채용된 구성원에 대해 지속적으로 능력 개발을 시켜야 하므로, 조직 그리고 개인적 차원에서도 인적자원관리가 중요한 요소로 부각되고 있다.

생산 현장이 자동화되어 있더라도 물적자원, 예산 등을 효율적으로 결합시키는 일은 사람이 하게 된다. 조직은 목적을 달성하기 위하여 인적자원을 조달, 확보, 유지, 개발하여야 하는데 이러한 관리 활동이 '인적자원관리'이다.

개인차원에서 인적자원관리는 인맥관리를 의미하는데, 인맥은 일반적으로 가족, 친구, 선후배, 동호회원 등이 포함된다. 이는 직접적인 관계에 있는 사람들로 '핵심인맥'이라고 할 수 있다. 인맥에는 핵심인맥으로부터 알게 된 사람 등과 같은 '파생인맥'이 있다. 파생인맥은 계속 파생되어 넓은 범위까지 확장된다.

이와 같은 핵심인맥, 파생인맥 관리가 개인적인 차원의 인적자원관리이다. 이와 같은 인맥을 활용할 경우 정보의 획득, 아이디어 도출, 창업, 고객 확보

차원에서도 도움을 얻게 된다.

2) 인적자원관리가 중요한 이유

개인의 경우에도 친분이 있는 사람들은 많은데 이와 같은 인적자원을 적절하게 관리하면 많은 효과를 거둘 수 있다. 대부분의 업무는 인간관계를 통해 이루어지므로 인맥은 업무 수행에서 중요한 요소가 된다.

자신의 인맥을 업무에 활용하였을 때의 장점으로는 먼저 각종 정보를 주변 사람으로부터 얻을 수 있을 것이다. 또한 인맥 활용을 통해 사업을 시작할 수도 있다. 요즘 기업에서는 사내추천제도가 활용되고 있는데 이는 수시로 직원들로부터 추천할 사람의 이력서를 접수하여 면접을 실시해 적합한 인재를 선발하는 방식이다. 이를 통해 검증된 인재를 선발할 수 있으며, 비용 감소도 가져올 수 있다.

조직의 경우에도 인적자원관리가 조직성과에 큰 영향을 준다고 할 수 있다. 이는 인적자원의 특성에서 비롯되며, 인적자원의 특성은 능동성 측면, 개발가능성 측면으로 구분하여 살펴볼 수 있다.

① 능동성: 예산과 물적자원의 양과 질에 의해 조직성과가 영향을 받게 되며, 이는 수동적 성격을 갖고 있다고 할 수 있다. 인적자원은 이와 달리 인적자원의 욕구, 동기, 태도, 만족감 여하가 조직성과에 영향을 준다. 즉 인적자원은 능동적인 성격을 갖고 있다.

② 개발가능성: 인적자원은 교육 등을 통해 발전될 수 있는 잠재능력을 보유하고 있다.

이와 같이 개인, 조직차원에서 인적자원관리는 중요한 요소이다. 따라서 인맥관리 능력을 함양해야 하며, 또한 업무 수행은 협동 작업을 통해 이루어지므로 조직의 인적자원관리 능력을 키워야 할 것이다.

3) 인맥관리

성공한 사람의 주위에는 유능한 사람이 지원하고 있는데, 이는 자신의 능력뿐만 아니라 좋은 사람들과의 관계가 업무 수행에 많은 도움을 준다는 것을 의미한다. 인맥관리 방법으로는 명함관리, 인맥관리카드 등의 방법이 있다.

(1) 명함관리

명함에는 이름, 소속, 연락처 등이 표시되어 있어 직업, 업무 등을 알려주는 역할을 한다.

명함을 활용하여 인맥을 만들어 가야 한다. 따라서 만났던 사람들의 중요한 사항을 메모하는 것이 필요하다. 명함에 상대방에 개인 신상, 특징 등의 정보들을 메모해 두어야 하며, 다음과 같은 정보들을 정리하는 것이 바람직하다.

① 만난 날, 장소, 업무 내용
② 소개자
③ 학력, 경력
④ 상대방 업무내용이나 취미
⑤ 가족사항
⑥ 거주지와 연락처
⑦ 상대방의 성향

효과적 명함관리를 할 수 있는 명함관리 프로그램으로서 스마트폰의 명함관리 애플리케이션이 많이 사용되고 있다. 그리고 스마트폰 안에서 스마트명함을 만들어 MMS 또는 SNS를 이용하여 전달, 공유할 수 있는 앱도 활용된다.

명함관리는 인맥관리를 위한 기본적인 방법이며, 명함을 효과적으로 활용한다면 용이하게 인맥관리를 할 수 있을 것이다.

(2) 인맥관리카드

인맥관리카드는 자신의 인맥을 관리카드를 통해 관리하는 것을 말한다. 인맥관리카드에는 이름, 관계, 직장, 학력, 연락처, 본인과의 친분 정도 등을 기입하면 된다. 인맥관리카드는 '본인과의 핵심인맥'과 '그 핵심인맥으로부터의 파생인맥'을 구분하여 작성해야 한다.

파생인맥카드에는 핵심인맥과 어떤 관계에 있는지 기록하는 것이 필요하다. 핵심인맥카드와 파생인맥카드의 예는 다음과 같다.

표 1-2 핵심인맥카드와 파생인맥카드

핵심인맥카드						
성명	관계	직장 및 부서	학력	출신지	연락처	비 고
					직장:	
					자택:	
					메일:	

파생인맥카드						
성명	파생 관계	직장 및 부서	학력	출신지	연락처	비 고
					직장:	
					자택:	
					메일:	

출처: 한국산업인력공단(2017). 직업기초능력프로그램 자원관리능력 학습자용 워크북. p. 111.

4) 팀원관리 방법

많은 기업들이 팀제를 채택하고 있는데, 팀을 능률적으로 운영하기 위해서는 팀 구성원 관리가 중요하다. 팀은 여러 사람들이 모여서 작업 단위를 이루게 되며, 공동 목표를 추구하게 된다. 이 경우 팀원에 대한 관리가 이루어져야 목표를 이룰 수 있게 된다.

팀 작업의 경우에 인적자원관리는 팀장 입장에서 구성원들을 어떻게 활용해야 하는 것인가를 의미하는 것이다. 능률적 팀 작업을 위해서는 팀원들이 능력에 적합한 위치에서 업무를 수행하며, 최선을 다해야 한다. 이를 위해서는 팀원들을 적합한 업무에 배치하는 것이 필요하다. 효과적인 인력배치의 원칙으로서 적재적소주의, 능력주의를 들 수 있다.

① 적재적소주의: 팀원의 능력, 성격 등에 적합한 위치에 배치하여 팀원이 능력을 최대로 발휘하도록 하는 것이다. 배치는 직무가 필요한 요건, 개인이 보유하고 있는 능력이 서로 적합하게 대응되도록 이루어져야 한다.
② 능력주의: 팀원이 능력을 발휘할 수 있도록 업무를 부여하고, 팀원의 성과를 정확하게 평가하고, 평가된 실적에 대해 상응하는 합리적인 보상을 해 주어야 한다. 이 능력은 개인이 보유하고 있는 기존 능력만을 의미하는 것은 아니며, 앞으로 개발 가능한 능력도 의미한다.

그리고 팀원들에게 할당된 과업을 적절히 관리하기 위해서 할당된 과업에 대해 책임자, 참여자를 명시하여 관리해야 하며, 이를 통해 업무 수행이 능률적으로 진행될 수 있다.

이외 다양한 방법을 적용하여 팀원을 배치할 수 있는데, 배치 시에 중요한 것은 한 방법에만 의존하지 않는 것이며, 다양한 측면과 방법을 토대로 팀원을 배치할 때 업무 성과가 극대화될 수 있을 것이다.

연습문제

1. 인간이 활용할 수 있는 네 가지 자원의 종류는 무엇인가?

2. 자원관리 단계에 대해 설명하시오.

3. 개인이 시간관리를 통해 얻을 수 있는 효과에 대해 서술하시오.

4. 직접비용, 간접비용의 정의와 해당되는 항목들을 열거하시오.

5. 예산수립 절차는 어떻게 이루어지는가?

6. 효과적인 물적자원관리 과정에 대해 설명하시오.

7. 명함관리, 인맥관리카드에 대해 설명하시오.

CHAPTER

02 조직이해능력

학습목표

직업인으로서 조직의 경영, 체제, 업무 등을 이해하는 능력과 세계화 시대에 요구되는 국제감각을 습득하고 활용할 수 있다.

1. 조직의 경영목표, 경영방법, 경영참여방법을 설명할 수 있다.
2. 조직의 구조, 목적, 문화, 규칙 등을 의미하는 조직체제를 이해하고 설명할 수 있다.
3. 업무의 성격, 내용을 이해하고 효과적 업무를 수행하는 방법을 활용할 수 있다.
4. 세계화 시대에 적응할 수 있도록 외국 문화를 이해하고 국제 동향을 파악하여 활용할 수 있다.

1 조직의 개념

1) 조직 생활

사람은 평소에 여러 조직에 소속되어 생활하고 있다. 조직은 두 사람 이상이 공동 목표를 위해 구성되어 서로 상호작용을 행하는 집합체이다.

조직은 나름대로의 목적이 있고, 구조가 만들어져 있으며, 구성원들이 서로 협동을 하고 있다. 인간의 생활은 조직에서 이루어지며, 직업인에게 조직은 직장을 의미한다.

(1) 기업의 의미

우리가 직장생활을 하는 일반적인 조직이 기업이며, 기업은 노동, 자본, 물자 등을 투입하여 변환 과정을 통해 제품이나 서비스를 산출하는 조직이다.

기업은 최소의 비용으로 최대의 수익을 창출함으로써 그 차액인 이윤을 극대화하는 조직이다. 최근에는 기업이 고객에게 좋은 상품과 서비스를 통해 고객을 만족시키는 조직으로 이해되고 있다.

(2) 조직이해능력이 필요한 이유

직업인들은 활동 시간의 대부분을 직장에서 보내며, 업무와 관련 있는 사람들을 만난다. 직업인은 본인이 속한 조직의 구성원이 되며, 업무를 처리하는 과정에서 다른 조직의 고객이 된다.

직업인들은 조직에서 업무를 하며, 업무의 종류, 내용은 다르다. 자신에게 주어진 업무를 성공적으로 수행하기 위해서는 기본적으로 조직이 돌아가는 원리를 알아야 한다. 직업인들은 효과적 업무 수행을 위해 조직의 체제, 경영에 대해 이해하는 조직이해능력을 배양할 필요가 있다.

조직의 목적, 구조 등을 이해해야 조직을 정확하게 이해할 수 있으며, 업무성과가 향상된다. 조직의 규모가 작을 경우에는 공통 목적, 조직 구조를 이해하고 서로 협력하는 것이 수월하게 이루어질 수 있지만, 조직의 규모가 커지면 구성원간의 정보 공유, 하나의 방향으로 노력을 집결시켜 최상의 성과를 창출하는 것이 어렵다. 그래서 기업들은 구성원들에게 조직 목표와 체제를 이해시키고 있다. 조직의 구성원이 업무성과를 높이기 위해서는 구성원들 간에 원만한 인간관계를 유지하는 것뿐만 아니라 조직 체제, 경영원리를 이해하는 것이 필요하다.

(3) 조직의 유형

조직의 유형 구분을 통해 조직의 성격과 활동을 이해하는 데 도움을 줄 수 있다. 조직은 공식화 정도를 기준으로 '공식조직'과 '비공식조직'으로 구분할 수 있다.

공식조직은 조직 구조, 기능 등이 공식화되어 있는 조직이며, 이와 달리 비공식조직은 개인들 간의 비공식적 상호작용에 의해 형성된 자발적인 조직이다. 조직의 규모가 커지면 구성원들의 행동을 통제할 방법을 만들게 되며 이는 공식화되게 된다.

또한 조직은 영리성을 구분 기준으로 '영리조직'과 '비영리조직'으로 나눌 수 있다. 영리조직은 기업 등과 같이 이윤 획득 목적의 조직이며, 비영리조직은 공익을 추구하는 조직을 의미한다.

조직을 규모로 기준으로 구분하면 상점과 같은 '소규모 조직'과 대기업 같은 '대규모 조직'으로 구분된다.

2) 조직의 경영

(1) 경영의 의미

조직이 조직 목적을 달성하기 위하여 조직을 운영하는 활동이 필요하다. 경영은 조직 목적 달성을 위해 계획을 수립, 실행, 성과평가를 하는 과정이다.

직업인은 조직의 구성원으로서 조직이 어떻게 운영되고 있으며, 현재의 문제, 개선 방안에 대해 이해하고 자신의 업무에 활용하는 경영이해능력이 요구된다.

경영은 조직 목적 달성을 위한 전략, 관리, 운영활동이다. '경영'과 '관리'를 구분한다면, 관리는 '투입 자원을 최소화'하거나 '주어진 자원을 활용하여 목표를 최대한 달성'하는 활동이다.

그러나 경영은 관리활동 이외에도 조직 목적을 설정하고 목적을 달성하기 위한 '전략활동'과 관리활동을 실무적으로 수행하는 '운영활동'을 포함하는 개념이다. 최근 조직 환경 변화에 적응하기 위한 전략활동이 중요해지고 있다.

(2) 경영의 구성요소

경영의 구성요소는 경영목적, 인적자원, 자금, 경영전략이다. 경영목적은 조직 목적 달성을 위해 경영자가 수립하는 것이다.

인적자원은 조직의 구성원으로 경영은 구성원들의 직무수행을 토대로 이루어지므로 인적자원 배치, 활용이 중요하다.

자금은 경영을 수행하는 데 사용하는 금전으로 자금이 확보되는 정도에 따라 경영 방향, 범위가 결정된다.

경영전략은 환경 변화에 적응하기 위해 경영활동을 체계화시키는 것이다. 경영전략은 조직의 목적에 의거하여 전략목표를 설정하고, 조직의 내부, 외부 환경 분석을 통해 설정된다. 경영전략의 예를 들면, 원가절감 전략, 차별화 전략 등을 통해 해당 산업에서 경쟁우위를 확보하는 전략이 있다.

(3) 경영자의 역할

조직의 경영자는 조직의 전략활동, 관리활동, 운영활동을 주관하며, 구성원들과의 의사소통을 통해 조직의 방향을 설정하고 조직 유지, 발전에 대해 책임자 역할을 수행하는 사람이다.

경영자는 조직 변화방향을 설정하며, 구성원들이 조직 목표에 부합된 활동을 하도록 결집시키는 관리자이다. 조직의 규모가 커지면 1명의 경영자가 모든 경영활동을 수행할 수 없으므로 최고경영자, 중간관리자, 일선관리자로 구분되게 된다.

최고경영자는 조직전체 목표설정, 부서들 간의 전체적 조화를 위한 종합적, 전략적 의사결정기능을 담당하게 된다. 중간관리자는 인사관리, 재무관리, 생산관리 등과 같이 각 부문의 역할과 활동 등에 대한 전술적 활동을 수행하게 된다. 일선관리자는 현장에서 작업을 하는 근로자들을 직접 지휘하는 관리자를 의미한다.

3) 조직의 구성요소

(1) 조직체제 구성요소

조직은 다양한 요소들로 구성되어 있는데, 조직체제는 조직목표, 구조, 조직문화, 규정 등으로 구성되어 있다.

조직은 하나의 체제로서, 다양한 요소들로 구성되어 있으며, 특정한 방식으로 서로 결합된 부분들의 결합체를 체제라고 한다.

조직은 목표가 있으며, 조직목표 달성을 위해 다양한 조직구조를 사용한다. 조직이 형성되고 발전되면 구성원들이 공유하는 가치관, 규범 등의 조직문화가 형성된다.

조직 업무 수행의 효율성을 향상시키기 위해 규정을 제정한다. 직업인은 조직의 구성원으로서 조직목적, 구조, 조직문화, 규정 등 조직의 체제를 이해하는 능력이 필요하다.

(2) 각 구성요소의 의미

조직목표는 조직이 달성하려는 장래의 원하는 상태를 의미한다. 조직구조는 조직 내 부문 간의 관계로 의사결정권의 집중정도, 명령계통에 따라 달라지며, 구성원들의 업무, 권한이 명확하게 부여된 '기계적 조직'과 의사결정권한이 하부구성원들에게 많이 위양되고 맡은 업무가 유동적인 '유기적 조직'이 있다.

그리고 조직이 지속되면 구성원들 간 공통적 생활양식, 공유 가치를 갖게 되는데 이를 '조직문화'라고 한다. 이와 같은 조직문화는 구성원들의 행동에 영향을 주며 일체감을 부여하게 한다.

조직의 규정은 조직 목표, 전략에 의거하여 수립되며, 구성원들의 활동 방식을 제약하고 일관성을 갖게 하는 기능을 수행한다. 예를 들어, 인사, 총무, 회계규정 등이 있다.

4) 조직 구성원의 업무

직업인들은 소속된 회사, 부서에서 주어진 업무를 수행한다. 조직 구성 최소단위는 구성원 개개인의 업무이며, 구성원들의 성공적 업무수행이 합쳐져 공통 목적을 달성하게 된다.

구성원들은 조직 목적 달성을 위해서 할당된 업무를 수행하며, 업무는 조직이 개인에게 부여한 의무이며 책임이다. 조직은 목표달성을 위해서 통합되어야 하므로, 개인이 자신의 업무를 본인 의도대로 선택할 수 있는 권한은 작다. 직업인은 조직이 자신에게 할당시킨 업무의 성격, 내용을 이해하고 업무 수행에 필요한 지식, 기술, 행동을 확인, 습득하는 업무이해능력을 배양해야 한다.

(1) 업무 배정

조직 목적을 달성하기 위해 업무가 할당되는데, 조직목적 달성을 위해 효율적으로 분배되고, 업무 수행이 원활하게 이루어지는 구조가 되어야 한다.

업무는 업무의 동일성, 유사성, 관련성에 따라 배정된다. 업무의 동일성, 유사성이란 업무 성격이 같거나 비슷할 경우에 하나의 그룹으로 구성하여 동일 부문에 배정하는 것이다. 예를 들어 문서 업무, 회계 업무, 판매 업무, 제조 업무 등을 들 수 있다.

업무의 관련성에 따라서 구분하는 것은 업무의 상호관련성에 따라 구분하는 것을 의미한다. 예를 들면, 동시간대에 수행해야 되는 업무를 하나의 업무로 구분하기도 한다.

직위는 업무 수행에 필요한 권한, 책임이 부여된 위치이다. 즉, 직위는 업무체계 중에서 개별 업무가 차지하는 위치이며, 구성원이 책임 수행과 권한 행사를 하는 기반이 된다.

(2) 업무의 특성, 권한

구성원에게 업무가 주어지게 되는데, 구성원은 업무 선택 재량권이 적기 때문에 부여된 업무의 특성, 역할을 확인할 수 있어야 한다.

업무는 요구되는 지식, 기술이 다르며, 자율성도 다르다. '업무 권한'은 구성원들이 공적으로 업무를 수행할 수 있는 힘을 의미하며, 자신의 결정에 다른 구성원들이 받아들이도록 하는 힘이다. 구성원은 업무 권한에 의거하여 수행한 일에 대한 책임도 부여받는다.

(3) 업무 수행 계획

효과적 업무 수행을 위해서 체계적 업무 수행 계획을 수립해야 한다. 업무 수행 계획 시에 조직 목적, 방침에 부합되도록 조직의 규정 등의 제약요인을 확인하는 것이 필요하다. 따라서 조직의 업무지침을 기반으로 개인의 업무지침을 수립하며, 활용 가능 자원을 확인하고 업무 수행 계획을 체계적으로 작성해야 한다.

5) 세계화 시대의 국제감각

최근 직업인은 다양한 문화의 사람들과 협상하는 일이 증가하고 있는데, 이문화(異文化) 커뮤니케이션, 글로벌 매너를 습득하고, 국제 동향을 파악하여 업무를 수행하는 능력이 필요하다.

조직들이 국제 환경에 적응하지 않고는 생존할 수 없으며, 정보통신 기술 등의 발전으로 전 세계는 하나의 시장으로 통합되고 있으며, 해외 조직, 구성원들이 고객이 되고 있다.

(1) 조직과 환경

정치적 환경은 정치체제, 법적 규범을 의미한다. 우리나라에서 조직 관련 법령으로는 '중소기업진흥에 관한 법률', '정부조직법', '기업구조조정촉진법', '비영리민간단체지원법' 등이 있으며, 직업인이 알아야 할 법으로는 '근로기준법', '근로복지기본법' 등이 있다.

경제적 환경은 국민경제 전반적 환경을 의미하며, 기업은 경제적 환경에 의해 많은 영향을 받는다. 문화적 환경은 구성원들의 가치 개념을 결정하게 되어 조직 형태, 조직문화에 영향을 주게 된다. 기술적 환경은 기술 개발과 같은 환경변수를 의미한다.

(2) 세계화와 국제동향

세계화는 직업인들의 활동범위가 세계적으로 확대되는 것이다. 통신시설과

운송수단의 발달은 세계화를 촉진시키며, 세계화 진행에 따라 조직 구성원들도 직간접적으로 영향을 받게 되고, 세계화에 적합한 의식, 행동을 습득해야 한다.

세계화 시대에서 효과적 업무 수행을 위해서는 국제동향을 파악해야 하는데, 업무와 관련된 국제적인 법규, 규정을 숙지하고, 업무 관련 국가에서의 동향을 확인하여, 국제적인 여건 변화에 능동적으로 적응해야 한다.

(3) 이문화 이해와 국제매너

세계화 적응능력은 능숙한 외국어 능력뿐만 아니라 다른 나라의 문화를 이해하는 능력과 국제 동향을 업무에 적용하는 능력이다. 이문화 이해는 외국 고유의 문화를 인정하고 그 문화 기준에서 볼 때 '해야 할 일'과 '해서는 안 되는 일'을 이해할 수 있는 것을 의미한다.

외국인과 함께 업무를 수행하려면 '이문화 커뮤니케이션 능력'이 요구된다. 이는 '언어적 커뮤니케이션'과 '비언어적 커뮤니케이션'으로 구분할 수 있다. 특히 비언어적 커뮤니케이션에서 오해가 받게 되는 경우가 많다. 같은 행동인데도 문화적 배경에 따라 외국인이 다르게 받아들일 수 있으므로, 인사하는 법, 식사예절과 같은 국제매너를 습득할 필요가 있다.

2 경영이해능력

1) 경영의 개념

(1) 경영의 의의

대부분의 경우 경영자들이 조직경영을 담당하지만 구성원들이 경영목적을 제대로 이해하지 못하면 조직의 효과성을 높일 수 없으므로, 조직 경영원리, 경영방법을 이해해야 한다. 경영이란 조직 목적 달성을 위한 전략, 관리, 운영활동이다.

(2) 경영의 과정

경영 과정은 경영목표 설정, 경영자원 배분을 통한 경영활동 실행, 경영활동 결과 평가 과정으로 이해될 수 있다.

계획이란 조직의 미래상 결정과 이를 달성하기 위해 목표를 수립하며 설정된 목표 관련 실행방안을 선정하는 과정이다. 이에 따라 경영활동 실행이 이루어지며, 조직목적 달성을 위한 활동 수행과 조직구성원 관리활동이 수행된다.

경영활동 실행에 대한 평가는 수행결과를 감독, 교정하여 피드백하는 단계로 이루어진다.

(3) 경영활동 유형

경영활동은 외부경영활동, 내부경영활동으로 구분할 수 있는데, 외부경영활동은 조직외부에서 조직의 효과성을 향상시키기 위해 이루어지는 활동이다.

예를 들어, 주로 시장에서 이루어지는 활동으로서 총수익 극대화, 총비용 극소화를 통해 이윤을 극대화하는 것이다. 이는 대외적 활동으로서 마케팅 활동 등이 있다.

내부경영활동은 조직내부에서 인적자원, 물적자원, 생산기술을 관리하는 것이며, 인사관리, 재무관리, 생산관리 등이 여기에 해당된다.

2) 조직의 의사결정과정

(1) 의사결정의 과정

조직에서의 의사결정은 확인단계, 개발단계, 선택단계로 요약할 수 있다.

'확인단계'는 문제 인식과 이를 진단하는 단계이다. 그리고 진단과정은 문제의 성격에 따라서 체계적으로 이루어지는 경우가 있고, 비공식적으로 이루어지기도 한다. 문제를 신속히 해결해야 하는 경우에는 진단시간을 감소시키고

즉각적인 대응이 필요하다.

'개발단계'는 확인된 문제에 대한 해결방안을 도출하는 단계이다. '선택단계'에서는 해결방안이 마련되면 그중에서 실행 가능한 해결방안을 선택한다. 최종 해결방안이 선택되면 공식적인 승인절차를 통해 실행된다.

(2) 집단의사결정의 특징

개인이 단독으로 의사결정을 하는 경우도 있지만 집단이 의사결정을 하는 경우도 있다. 집단의사결정은 집단이 가지고 있는 지식과 정보, 견해가 활용되므로 효과적인 결정이 이루어질 수 있다.

집단의사결정의 경우 결정 사항에 대하여 구성원들이 해결책을 수용하고, 의사소통 기회도 증가하게 된다. 반면에 의견이 서로 불일치하는 경우 의사결정 시간이 많이 소요된다.

3) 조직 경영전략

(1) 경영전략의 의의

경영전략은 조직 목표 달성을 위해 경영활동을 체계화하는 수단이 된다. 조직은 목표를 설정하고 환경 분석을 통해 경영전략을 도출할 수 있으며, 경쟁우위 확보를 위한 여러 전략을 활용할 수 있다.

경영전략은 변화하는 환경에 대해 경영활동을 체계화하는 것이며, 전략은 목표달성을 위한 수단이다.

경영전략은 경영자가 수립하지만, 모든 구성원이 조직 경영전략을 이해해야 조직목표를 올바르게 달성할 수 있다.

(2) 경영전략의 추진과정

조직은 조직의 비전을 결정하고, 전략목표를 설정한다. 전략목표가 확인되면 조직의 내부, 외부 환경을 분석하여 대안들을 수립하고 실행, 통제하게 된다.

조직의 내부 및 외부 환경을 분석하는 데 유용한 방법으로 SWOT 분석이 있다. 사업 제안서에 자주 등장하며, 비영리 단체나 정치 단체 등에서도 사용된다. 또한 자기개발 전략을 개발하는 데에도 사용된다.

SWOT 분석에서 조직 내부환경 측면으로 '조직이 우위를 갖고 있는 장점(Strength)'과 '조직의 자원, 기술 등에서의 약점(Weakness)'이 있다.

조직의 외부환경 측면은 기회(Opportunity)와 위협(Threat)으로 구분되며, 기회요인은 조직에 발전을 가져올 수 있는 환경요인이고, 위협요인은 조직에 불리하게 작용할 수 있는 환경요인이다.

다음과 같은 중국집 사례를 통해 실제 SWOT분석을 해보자(SWOT분석 부분은 김남국(2017), pp.145-147 부분을 재구성). 실무에서는 개별 SWOT 항목에 여러 내용을 나열해야 하지만, 설명의 편의를 위해 한 가지씩만 나열한다.

우선 내부환경 분석을 해 보자. 내부의 강점은 해당 지역에서 30년 동안 영업을 해왔기 때문에 축적한 오랜 업력으로 인한 높은 인지도를 들 수 있다. 약점은 중국집 특성상 주방장, 주방 보조, 배달직원의 충성도가 약해 자주 이직한다는 것이다.

그 다음 외부환경 분석을 해보자. 외부의 기회요인으로는 인근에 재개발이 이루어져 700세대의 아파트 단지가 생긴다는 점이다. 위협요인으로는 웰빙 문화가 확산되면서, 튀긴 음식이 많고 기름기가 높은 중국음식에 대한 소비자들의 선호도가 낮아지고 있다는 점이다.

표 2-1 중국집의 SWOT분석

Strength 오랜 업력으로 인한 인지도	Weakness 직원들의 낮은 충성도와 이직
Opportunity 인근에 아파트 단지 입주	Threat 웰빙 문화 확산으로 선호도 저하

출처: 김남국(2017), 지금 당장 경영전략 공부하라, p.145(재구성), 한빛비즈.

앞의 표를 활용해 전략을 도출할 수 있다. 강점은 적극 활용하는 전략을 세우고, 약점은 보완하는 방안을 수립하는 것이다.

기회에 대해서는 적극적인 투자를 통해 기회를 활용하고, 위협요인은 완화할 수 있는 대안을 수립하는 것이다.

표 2-2 SWOT분석을 활용한 전략 대안

Strength 적극 활용	Weakness 보완
Opportunity 적극 투자	Threat 확인 및 완화

출처: 김남국(2017), 지금 당장 경영전략 공부하라, p.146(재구성), 한빛비즈.

이 방식보다는 더 구체적인 전략을 도출하는 방법론으로서 다음과 같은 방식이 현업에서 활용되고 있다. 즉, 강점과 약점을 X축에, 기회와 위협을 Y축에 놓고 네 가지 요인들을 함께 고려하면서 전략 대안을 수립하는 방법론이다.

네 가지 항목이 서로 교차하면서 각각 강점기회(SO) 전략, 강점위협(ST) 전략, 약점기회(WO) 전략, 약점위협(WT) 전략 등 네 가지 틀의 대안 도출이 가능하다.

표 2-3 SWOT분석 기반 전략 수립 사례

	Strength 오랜 업력으로 인한 인지도	Weakness 직원들의 낮은 충성도와 이직
Opportunity 인근에 아파트 단지 입주	**SO전략** 오래된 업력으로 높은 인지도를 바탕으로 신규 아파트 단지 주민들에게 공격적 홍보	**WO전략** 직원을 정규직으로 전환해 인근 아파트 단지에 대해 홍보
Threat 웰빙 문화 확산으로 선호도 저하	**ST전략** 웰빙 트렌드에 맞는 신메뉴를 개발해 단골 고객들부터 공략	**WT전략** 웰빙 신메뉴 매출이 증가할 경우에 주방장에게 급여인상 등의 인센티브를 부여

출처: 김남국(2017), 지금 당장 경영전략 공부하라, p.146(재구성), 한빛비즈.

- SO 전략은 내부 강점(Strength)을 활용해 외부 기회(Opportunity)를 활용하는 방법이다. 이 중국집이 오래된 업력으로 높은 인지도를 갖고 있으므로, 이를 토대로 신규 아파트 단지 주민들에게 집중적으로 홍보를 하는 것이다. 이 지역에서 30년 이상 영업을 지속해 온 전통의 중국집이라는 것을 알려야 할 것이다.
- ST 전략은 내부 강점(Strength)으로 외부 위협(Threat) 요인에 맞서는 전략이다. 오랜 업력에서 형성된 단골 고객을 중심으로 웰빙 트렌드에 맞는 신메뉴를 개발해 마케팅하는 전략이 될 수 있다.
- WO 전략은 내부 약점(Weakness)을 보완하면서 외부 기회(Opportunity)를 활용하는 전략이다. 직원들이 직장에 대한 충성도가 낮다는 약점을 보완하기 위해 직원을 정규직으로 전환하면서, 이들에게 신규 아파트 단지에 대한 홍보를 강화시키는 방법이 전략이 될 수 있다.
- WT 전략은 내부 약점(Weakness)을 보완하면서 외부 위협(Threat)에 대응하는 방법이다. 외부 위협을 완화시키기 위해 웰빙 메뉴를 개발하면서, 웰빙 메뉴 매출이 증가할 경우, 주도할 주방장에게 급여 인상이라는 인센티브를 부여해, 외부 위협에 대처하면서 내부의 약점도 개선하는 전략을 모색할 수 있다.

(3) 경영전략의 유형

대표적인 경영전략으로 포터(M. E. Porter)가 제시한 '본원적 경쟁전략'이 있다(본원적 경쟁전략 부분은 김태웅 · 장영봉 · 이우헌(2023), pp.136-138 부분을 재구성).

이는 기업의 경쟁력이 본원적으로 어디에서 발생하며 시장을 어떻게 공략하여야 하는가에 대한 이론이다. 제품은 생산비용이 낮을수록, 품질이 우수할수록 경쟁력이 있다.

본원적 경쟁전략에는 차별화(differentiation)전략, 원가우위(overall cost leadership)전략, 집중화(focus)전략이 있다. 미국의 경영학자 포터가 제시한 전략 유형인 차별화전략, 원가우위전략, 집중화전략이라는 세 가지 전략 개념은 이 과정에서 유용하게 활용될 수 있다.

이제 이 세 가지 전략을 서비스 산업에 적용해 보기로 하자.

차별화전략은 경쟁사와 확연히 다른 서비스를 제공함으로써 경쟁우위를 확보하기 위한 전략이다. 구별되는 서비스 제공을 통해 디자인, 품질, 품격을 향상시키고, 애프터서비스를 통해 선호도를 높인다. 차별화전략을 취하면 서비스 가격을 더 높게 설정하여 마진폭을 높일 수 있다. 서비스 기업들은 브랜드, 특화된 서비스 등을 통해 다른 기업과 다른 차별화를 도모할 수 있다.

이들 기업들의 전략은 다음과 같다.

- 맞춤화 특성을 가미한다. 선택 사양을 추가한다든가, 고객의 선택에 따라 특정품목을 서비스에 추가하거나 삭제하도록 함으로써 맞춤화를 통한 차별화를 추구한다. 예를 들어 음식 주문 시에 특정 양념을 추가하거나 뗄 수 있도록 한다든가, 추가요금을 내면 특별 서비스를 선택할 수 있도록 한다.
- 서비스 관련 우려를 제거한다. 서비스를 직접 받기 전에는 걱정을 떨쳐버리기 쉽지 않다. 이 경우, 서비스에 대한 불필요한 우려를 줄이기 위해 서비스에 대한 자세한 설명을 제공한다.

원가우위전략은 생산원가를 최대한 낮게 유지해 가격을 낮추고 대량판매를 촉진하는 전략이다. 저원가, 저가격으로 대량 매출이 가능해지며, 원가절감과 가격경쟁력이 더욱 향상된다. 원가우위전략을 채택한 대표적인 서비스 기업으로는 E마트나 홈플러스 등 대형 마트와 맥도날드, 롯데리아 등 패스트푸드점이 있다.

이들 기업들의 전략을 간략하게 설명하면 다음과 같다.

- 많은 소비자가 고급 서비스 대신 저렴한 제품을 선택한다. 이러한 접근 방식은 불필요한 서비스 구성 요소를 제거하여 가격을 저렴하게 하는 것을 목표로 한다.
- 자동화 시설을 이용하여 소요인력을 줄여 원가절감을 추구한다.

마지막으로 집중화를 들 수 있다. 전체 시장을 대상으로 하는 원가우위전략과 차별화전략과 달리, 집중화전략은 특정 표적시장을 효과적으로 충족시키는 것에 초점을 둔다. 즉 특정 소비자 계층을 목표로 하여 홍보 등을 집중적으로 하는 전략이다.

3 체제이해능력

1) 조직목표의 기능 및 특징

조직은 조직의 사명, 사명 달성을 위한 세부목표가 설정되어 있다. 조직의 사명은 조직의 존재 이유 등을 표현한 것이다. 세부목표는 조직이 실제 활동을 통해 달성하려고 하는 것으로 구체적 형태로 설정되는 단기적 목표이다.

조직목표들은 조직 구조, 조직의 전략, 조직 문화 등과 같은 조직체제의 구성요소들과 상호관계를 갖고 있다. 이러한 조직목표들은 환경이나 조직 내의 다양한 요인들에 의하여 변동되거나 새로운 목표로 대치되기도 한다.

조직목표가 수정되는 데 영향을 주는 조직 내적 요인으로는 조직리더의 정책 수정, 조직 권력구조 변화가 있으며, 외적 요인은 경쟁기업, 경제 환경의 변화 등이 있다.

2) 조직구조

(1) 조직구조의 의의

조직구조는 조직 내의 부문 간의 관계이다. 구성원들은 업무 수행 시에 조직의 구성원들과 상호작용해야 한다. 이 경우에 조직구조의 특징을 이해하고 있어야 부여된 업무의 범위, 권한이 어디까지인지, 필요한 정보를 누구에게, 어떤 방식으로 확보해야 할지를 알 수 있다.

(2) 조직구조의 구분

의사결정 권한의 집중정도, 규칙의 정도 등에 의거하여 기계적 조직과 유기적 조직으로 구분할 수 있다.

기계적 조직은 구성원들의 업무가 명확하게 정의되고 많은 규칙들이 있으며, 의사소통이 공식적인 경로를 통해 이루어진다.

유기적 조직은 의사결정권한이 구성원들에게 많이 위양되어 있으며 업무도 고정되지 않은 조직이다. 유기적 조직에서는 비공식적인 의사소통이 원활히 이루어지며, 규제 정도가 낮아 변화에 적응할 수 있다.

(3) 조직구조의 결정요인

조직구조에 영향을 주는 요인은 조직 전략, 조직 규모, 기술, 환경이 있다. 조직전략은 조직 목적 달성을 위해 수립한 계획으로 자원 배분 방침과 경쟁적 우위를 달성하기 위한 방침이다. 이와 같은 조직의 전략이 바뀌면 조직구조가 바뀌게 된다. 그리고 대규모조직은 소규모조직에 비해 업무가 많이 분화되어 있고 많은 규정이 존재한다.

기술의 경우, 소량생산기술을 이용하는 조직은 유기적 조직구조를 가지며, 대량생산기술을 이용하는 조직은 기계적 조직구조를 가진다. 환경의 경우, 안정적 환경에서는 기계적 조직이 적합하며, 변화하는 환경에서는 유기적 조직이 적합하다.

(4) 조직구조의 형태

조직도를 살펴보면 구성원들의 임무, 과업 등과 같은 체계를 알 수 있다.

환경이 안정적이거나 기업의 규모가 작을 경우에는 업무의 내용이 관련이 있는 것들을 결합해서 기능적 조직구조 형태를 이룬다.

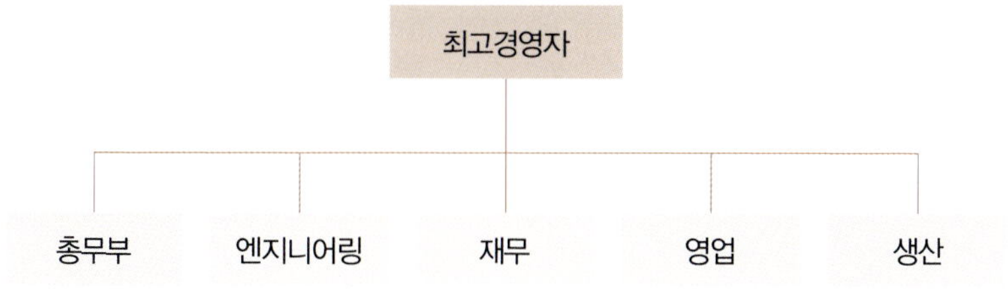

그림 2-1 **기능적 조직구조**

출처: 한국산업인력공단(2017). 직업기초능력프로그램 조직이해능력 학습자용 워크북. p. 86.

이와 달리 환경변화에 대응하고 제품, 지역별로 분권화된 의사결정을 하기 위해서는 사업부별 조직구조 형태가 필요한데, 사업부별 조직구조는 제품별, 지역별 등에 따라 조직화된다.

제품 등에 따라 사업부가 구성되고 각 사업부별 구조 아래 생산, 판매, 기술개발, 회계 등의 역할이 이루어진다.

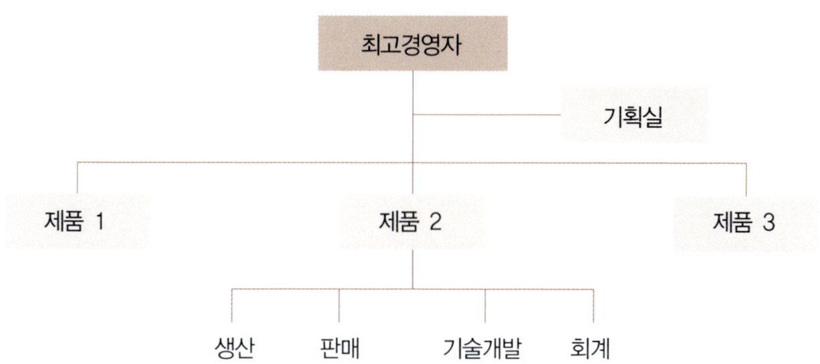

그림 2-2 **사업부별 조직구조**

출처: 한국산업인력공단(2017). 직업기초능력프로그램 조직이해능력 학습자용 워크북. p. 87.

3) 조직문화

(1) 조직문화의 의의

조직문화는 조직구성원들의 공유된 생활양식, 가치관이며, 구성원들의 행동에 영향을 준다. 조직구성원들은 조직문화 속에서 활동하고 있는데 조직문화의 특징은 무엇이며, 자신이 속한 조직의 특징을 이해해야 한다.

(2) 조직문화의 기능

조직문화는 조직이 움직이는 방향을 결정하고 조직을 존속하게 하는 요인이며 다음과 같은 기능을 한다.

첫째, 구성원들에게 일체감을 부여한다.

둘째, 조직몰입을 높여준다.

셋째, 구성원들의 행동지침으로 작용한다.

(3) 조직문화 구성요소

조직문화 구성요소를 이해하면 조직문화를 이해하는 데 도움이 된다. 세계적 컨설팅 기업인 맥킨지(McKinsey)에 의해서 개발되었으며, 조직문화 구성요소를 설명하는 '7S'라고 하는 것이 있다.

① 공유가치(Shared Value): 구성원들의 행동, 사고를 특정 방향으로 이끄는 원칙이다.
② 리더십 스타일(Style): 구성원들을 이끄는 리더의 조직관리 스타일이다.
③ 구성원(Staff): 구성원의 능력, 가치관, 동기, 태도, 행동 패턴 등을 의미한다.
④ 시스템(System): 의사결정과 운영의 틀이 되는 시스템을 의미한다.
⑤ 구조(Structure): 구성원의 역할과 상호관계를 지배하는 공식요소이다.
⑥ 전략(Strategy): 장기적 목적, 계획, 행동지침
⑦ 기술(Skill): 하드웨어, 소프트웨어 기술

이와 같이 조직문화는 다양한 요소들과 관계를 가지며 조직의 특성이 된다.

4 업무이해능력

1) 업무의 특성

(1) 업무의 의의

각 업무는 조직 내에 미치는 영향력, 업무에 요구되는 지식, 기술 등이 다르다. 그러므로 직업인들은 주어진 업무의 특성을 이해해야 한다.

구성원은 조직의 다양한 업무들을 이해해야 조직 체제를 이해할 수 있으며, 본인에게 주어진 업무의 특성을 파악해야 효과적 업무 수행이 가능하다.

(2) 업무의 종류

조직의 목적 등에 따라 업무는 다양하게 구성된다. 조직마다 여건이 다르고 특유의 조직문화, 내부권력구조, 조직의 강점과 약점이 다르므로 업무의 종류도 다르게 구성된다. 대부분의 조직에 있는 각 부서 업무는 다음과 같다.

① 총무부: 주주총회, 이사회개최 업무, 의전 및 비서업무, 비품 등의 구입과 관리, 사무실 관리, 시설의 운영, 출장 업무 협조, 복리후생 업무, 법률 업무, 홍보 업무

② 인사부: 조직기구의 개편, 업무분장, 인력수급 관리, 직무 조정, 노사관리, 평가관리, 인사발령, 교육체계 수립, 임금제도, 복리후생제도, 복무관리

③ 기획부: 경영계획 수립, 사업계획의 종합, 경영정보 조사, 경영진단업무, 예산수립 및 실적관리

④ 경리부: 회계시스템 관리, 결산 업무, 재무제표 보고, 세무 업무

⑤ 영업부: 판매 계획, 시장조사, 광고, 제조지시서의 발행, 외상매출금의 회수, 제품 재고 조절, 제품의 애프터서비스, 판매가격의 검토

(3) 업무의 특성

조직 목적 달성을 위해 업무는 통합되어야 하므로, 업무는 조직이 구성원들에게 부여하며, 본인이 업무를 선택할 수 있는 권한은 적다.

또한 업무는 다른 업무와 관련성 또는 서열성이 있어서 차례에 따라 이루어지기도 한다.

각 업무들은 해당 업무 수행에 필요한 지식, 기술, 도구가 다르다. 그리고 연구 등과 같은 업무는 재량권이 많은 반면, 생산 등과 같은 업무는 절차가 명확하게 설정되어 있다.

2) 업무수행 계획

업무의 효과적 수행을 위해서는 주어진 자원, 제약요건을 확인하고, 구체적인 계획을 수립해야 한다.

(1) 업무지침 확인

조직의 업무지침은 업무 수행이 조직 목적에 적합하게 진행되도록 한다. 다만, 업무지침도 환경 변화에 따라 신속하게 수정되어야 하므로 3개월에 한번 정도 개정이 필요하다.

(2) 활용자원 확인

업무지침이 수립되면 주어진 자원을 확인한다. 업무 관련 자원으로는 시간, 예산 등의 물적자원과 업무를 공동으로 수행하는 인적자원이 있다. 이러한 자원들은 제한된 조건 하에서 효과적으로 활용되어야 한다.

(3) 업무수행 시트 작성

구체적 업무수행 계획을 수립을 위해 업무수행 시트를 만들어야 한다. 업무수행 시트에는 간트 차트, 워크 플로우 시트, 체크리스트 등이 있다.

업무수행 시트를 작성하면, 단계별로 처리해야 할 일을 알 수 있고, 문제 발생 경우 발생지점을 파악하여 시간, 비용을 절약할 수 있게 된다.

① 간트 차트(Gantt chart)

간트(H. L. Gantt)가 창안하였으며, 단계별로 업무를 시작해서 끝나는 데 소요되는 시간을 바(bar) 형식으로 표시한 것이다. 이는 전체 일정이 한 눈에 들어오며, 단계별 소요 시간과 각 업무활동 간의 관계가 표시된다.

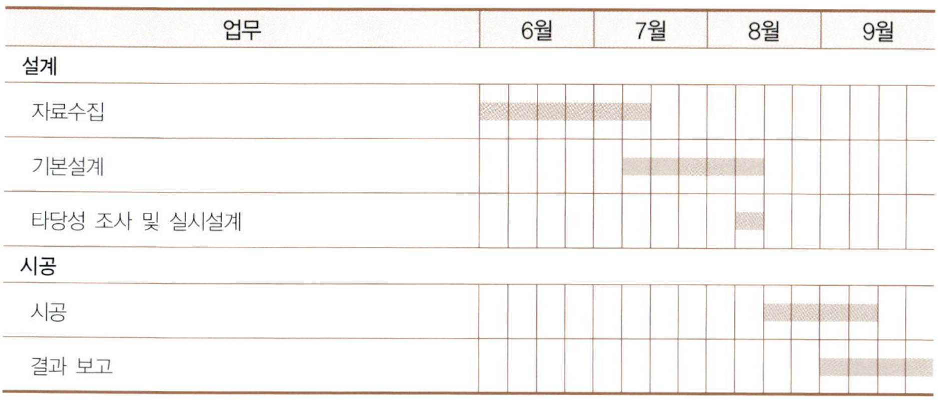

그림 2-3 간트 차트

출처: 한국산업인력공단(2017). 직업기초능력프로그램 조직이해능력 학습자용 워크북. p. 109.

② 워크 플로우 시트(Work flow sheet)

워크 플로우 시트는 일의 흐름을 동적으로 표시하는 데 효과적이다. 워크 플로우 시트에 사용하는 도형을 다르게 적용함으로써 주된 작업과 부차적인 작업 등 업무를 구분해서 표현할 수 있다.

예를 들어 다음 워크 플로우 시트에서 사각형은 주된 업무를 표시하며, 타원은 세부 절차를 표시하였고, 원은 시작과 종료를 나타낸다. 각 활동별로 소요시간도 표기할 수 있다.

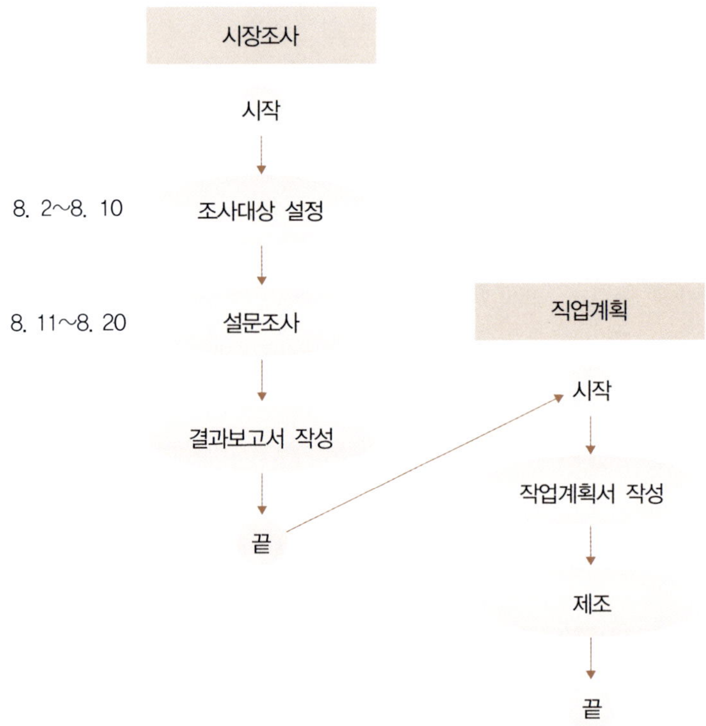

그림 2-4 워크 플로우 시트

출처: 한국산업인력공단(2017). 직업기초능력프로그램 조직이해능력 학습자용 워크북. p. 110.

③ 체크리스트(Checklist)

업무의 각 단계별로 효과적 수행 여부를 점검하는 표이다. 체크리스트는 업무를 세부적인 활동들로 구분하고 각 활동별로 설정된 수행수준을 달성했는지를 확인하게 된다.

표 2-4 체크리스트

업무		체크	
		YES	NO
고객관리	고객 대장을 정비하였는가?		
	3개월에 한 번씩 고객 구매 데이터를 분석하였는가?		
	고객의 청구 내용 문의에 정확하게 응대하였는가?		
	고객 데이터를 분석하여 판매 촉진 기획에 활용하였는가?		

출처: 한국산업인력공단(2017). 직업기초능력프로그램 조직이해능력 학습자용 워크북. p. 110.

3) 업무 방해요소

업무를 수행하다 보면 여러 방해요인이 있는데, 이러한 방해요인들은 생산성 저하를 가져오게 된다. 업무의 효과적 수행을 위해서는 이러한 방해요인들을 해결해야 한다.

(1) 방문, 인터넷, 전화

사람들의 방문, 인터넷, 전화 등은 갑자기 오는 경우가 많다. 이들을 효과적으로 통제하는 방법은 시간을 정해 놓으라는 것이다. 메일을 확인하는 시간을 일정 시간으로 정한다거나 외부인 방문시간을 정한다. 전화 통화를 3분 이내로 한다거나, 사적인 전화는 업무 시간 외에 통화해야 한다.

(2) 갈등관리

조직 내 갈등은 업무시간을 지연시키며, 스트레스를 가져온다. 갈등의 효과적 관리를 위해서는 먼저 갈등상황을 객관적으로 평가해야 한다. 그리고 갈등해결은 대화와 협상을 통해 이루어져야 한다.

(3) 스트레스

업무 스트레스는 과중한 업무, 인간관계 등에 의해 발생한다. 스트레스 관리를 위해서는 업무과중을 극복하고, 긍정적인 사고방식을 가지며, 운동 등을 통해 해결해 나간다.

5 세계화 적응능력

1) 세계화

(1) 세계화의 의의

세계화란 활동범위가 세계적으로 확대되는 것이다. 개인은 국가 간 이동을 하고, 다른 나라 상품, 서비스를 이용한다. 조직은 세계시장에서 경쟁 가능한 역량을 가져야 한다. 또한 세계화는 경제 측면뿐만 아니라 문화, 정치 등의 영역까지 확대되는 개념이다.

세계화에 따른 변화로서 세계적 경제통합을 들 수 있다. 다국적 기업의 증가에 따라 국가 간 경제통합은 강화되었다. 그리고 다른 국가들과 자유무역협정(FTA)을 체결하여 무역장벽을 없애고 있다.

(2) 국제적 적응 능력이 필요한 이유

세계화가 이루어지면 조직은 해외 직접투자를 용이하게 할 수 있으며, 원자재를 저렴하게 수입할 수 있고, 시장이 확대되게 된다. 반면에 경쟁이 세계 시장에서 이루어지므로 국제적인 감각을 습득하고 세계화 대응 전략을 수립해야 한다. 세계화가 진행됨에 따라 조직구성원들의 의식, 태도, 행동도 세계화되어야 한다.

'세계화 적응능력'은 영어만을 잘하는 것을 의미하지 않으며, 문화적 배경이 다른 외국인과의 원활한 커뮤니케이션을 위해 외국 문화 특징, 의식, 예절 등에 적응할 수 있는 능력도 겸비해야 하며, 업무와 관련된 국제 동향을 파악, 활용할 수 있는 능력까지를 의미한다.

2) 외국 문화 이해

직업인들은 외국인과 함께 일할 기회가 증가되었으며, 외국 문화를 잘 이해하지 못하면 문제가 생길 수 있다. 이를 막기 위해서는 다양한 외국 문화를 이해해야 한다. 그리고 외국에서 '해야 할 일'과 '하지 말아야 할 일'을 구별해야 한다.

(1) 외국 문화 적응

본인 국가의 문화 방식이 아닌 다른 방식을 경험하는 과정에서 자신이 속한 문화를 기준으로 외국 문화를 평가하지 말아야 한다.

(2) 이문화 커뮤니케이션

이문화 커뮤니케이션은 언어적, 비언어적 커뮤니케이션이 있는데, 언어적 커뮤니케이션은 외국어 사용능력과 직결된다.

국제관계에서는 비언어적 커뮤니케이션 경우에 문제가 생기는 경우가 많다. 대접을 잘하겠다고 한 행동이 외국인에게 당혹감을 주는 행동으로 받아들여질 수도 있다.

국제사회에서 성공적 업무 수행을 하기 위해서는 상대국의 문화적 배경, 생활양식, 가치관 등을 이해하는 것이 요구된다.

3) 국제 동향 파악 방법

세계화 적응능력은 업무와 관련된 국제 동향을 이해하고 업무에 활용하는 능력까지를 의미한다. 구체적으로는 각종 매체를 활용하여 국제 동향을 파악하는 능력, 업무 관련 국제 법규를 숙지하는 능력 등이 필요하다.

(1) 국제 동향 파악 방법

- 관련 분야 인터넷 해외사이트를 방문한다.
- 신문의 국제 면을 읽는다.
- 고용노동부, 산업통상자원부, 중소벤처기업부, 상공회의소 등의 사이트를

통해 국제 동향을 확인한다.

(2) 국제적인 법규 확인

직업인은 국제적 업무를 수행하기 전에 국제 법규나 규정을 알아보아야 한다.

4) 국제 매너

(1) 인사하는 법

악수를 할 때 손을 힘 있게 잡는 사람도 있고, 손끝만 잡는 사람도 있다. 미국에서는 손끝만 잡는 것을 예의에 어긋나게 받아들인다. 영미권에서 악수는 일어나, 상대방 눈 또는 얼굴을 보면서, 상대방의 오른손을 잠시 힘주어 잡았다 놓아야 한다.

또한 미국에서는 상대방 호칭을 어떻게 부를지 물어보는 것이 예의이며, 이야기할 때 너무 근접해서 말하지 않아야 한다. 아프리카의 경우는 상대방 코끝 정도를 보면서 대화해야 한다. 러시아와 라틴아메리카에서는 포옹을 하는데, 이는 친밀감의 표현이므로 이를 자연스럽게 받아주어야 한다.

명함은 악수를 한 이후 서로 교환하며, 받은 명함은 명함지갑에 넣는다.

(2) 시간약속 지키기

미국, 독일 등은 시간엄수를 중요하게 생각하는데, 라틴아메리카 등 일부 지역에서는 약속 시간에 나오지 않는 경우가 많다. 시간 약속은 형식적이며, 상대방이 기다려줄 것으로 생각한다. 이 지역 사람들과 일을 할 때는 인내를 가지고 기다려주는 것이 필요하다.

연습문제

1. 조직이해능력은 왜 필요한 것인가?

2. 공식조직과 비공식조직에 대해 설명하시오.

3. 경영의 과정에 대해 설명하시오.

4. SWOT, SO전략, ST전략, WO전략, WT전략에 대해 설명하시오.

5. 포터(M. E. Porter)가 제시한 '본원적 경쟁전략'을 간략하게 서술하시오.

6. 조직문화는 어떤 기능을 하는가?

7. 업무이해능력의 정의를 간략하게 서술하시오.

8. 업무수행 계획은 어떻게 수립해야 하는가?

CHAPTER

03 직업윤리

학습목표

윤리와 직업의 의미를 이해하고 원만한 직업생활을 수행하는 데 요구되는 올바른 직업윤리를 습득하고 적용할 수 있다.

1. 직장 업무에 근면, 정직, 성실하게 임하는 태도를 구체적으로 학습하고 이를 설명할 수 있다.
2. 공동체 윤리로서 봉사, 책임, 준법, 예절 등의 의미를 인식하고 이를 활용할 수 있다.

1 직업윤리의 의미

1) 윤리의 의미

(1) 윤리적 가치의 중요성

첫째, 사람들이 윤리적 가치보다 자기이익을 우선시 한다면 올바른 사회질서가 유지되지 않는다. 사람이 윤리적으로 살 때 개인과 다른 사람의 행복이 보장된다.

둘째, 윤리적 규범을 준수하는 이유는 가치관의 문제와도 관련이 있다. 개인적, 경제적 이득만을 추구하지 않고, 도덕적 신념을 존중하는 경우에 윤리적으로 행동하는 것이다.

(2) 윤리규범의 형성

개인의 욕구 충족은 다른 사람과 협력을 통하여서 가능한 것이다. 예를 들어, 우리가 밥을 먹는 데에도 많은 사람의 도움을 통해 가능해진다. 그러므로 사람들은 공동목표 달성 등에 도움이 되는 행위에 대해서는 찬성을 하고, 그렇지 않은 행위는 비난을 하는 것이다.

이와 같이, 행위에 따라 '해야 할 행위' 또는 '해서는 안 될 행위' 등으로 인정받게 된다. 이런 측면에서 보면, 윤리적 가치는 시대와 사회에 따라서 조금씩 변화되는 것이다.

(3) 윤리의 의미

윤리는 '인간 생활에서 지켜져야 할 도리' 또는 '사회에 필요한 질서'라고 할 수 있을 것이다. 윤리는 생활관습, 경험을 정리해서 집단의 규범을 정하고 그것을 지켜나간 데서 생긴 것이다.

2) 직업의 의미

인간은 경제적 안정, 다른 사람들로부터의 인정, 건강, 자아실현의 경우에 행복을 느끼는데, 이와 같은 경제적 안정, 인정, 건강, 자아실현은 일, 즉 직업을 통해서 얻을 수 있다.

(1) 일과 삶의 관계

직업은 사람이 살아가기 위해서 필요하며, 인간의 삶을 풍부하게 만들어 준다. 직업적 일은 경제적 목적뿐만 아니라 자아실현이라는 측면을 갖고 있다.

단지 보수만을 고려하지 않고, 본인의 적성과 관련이 있는가, 안정적인 직업인가를 고려해 직장 선택을 하는 것이 이와 같은 측면이다. 인간은 일을 통하여 삶의 의미를 실현하는 것이다.

인간사회가 발전함에 따라 조직화되고 분업화되었다. 직업은 한 사람이 담당하는 전문화된 일의 영역을 가리킨다.

(2) 직업의 의미

직업은 생활을 영위하는 데 필요한 경제적 보상을 주며, 만족감, 명예 등 자아실현의 기반이 된다.

3) 직업윤리의 의의

직업윤리란 직업에 종사하는 과정에서 지켜야 할 윤리규범이다. 즉 직업이라는 환경에서 요구되는 덕목과 규범을 의미한다.

직업인으로서 공통적으로 준수해야 할 윤리기준을 '직업윤리'라고 한다. 직업 활동이 사회전체의 안정, 발전에 중요한 역할을 하기 때문에 직업윤리가 강조된다. 국가 전반적인 직업윤리의 수준이 낮을 경우 국가 신뢰성이 낮아져 국가경쟁력이 낮아지며 경제발전에 저해 요소로 작용된다.

직업윤리는 개인적 차원에서도 중요하다. 도덕성을 지키며 자부심, 긍지를 갖고 본인의 일을 수행할 수 있다면 직업적 성공의 시작이 된다. 일반적으로 직업윤리로서 책임감, 성실함, 정직함, 협조성, 청렴함 등이 강조되고 있다.

2 근로윤리

1) 근면의 의미

근면이란 부지런한 것을 의미한다. 근면한 것만으로 성공할 수 있는 것은 아니지만, 근면한 것은 성공을 이루는 기본 조건이다.

(1) 근면의 종류

근면은 두 측면으로 나누어 볼 수 있다, 즉 '외부로부터 강요당한 근면'이 있고, '스스로 자진해서 하는 근면'이 있다. 외부로부터 강요된 근면의 경우는 외부로부터의 압력이 없을 경우에는 더 이상 이루어지지 않는다. 그러나 자진해서 하는 근면은 자신을 발전시켜 나가게 된다.

자진해서 하는 근면에는 능동적, 적극적인 태도가 따르게 된다. 개인 사업을 하는 사람, 성과급을 받는 세일즈맨의 경우는 대개 능동적, 적극적인 자세로 일을 하지만, 일정 급여를 받는 직장의 경우에는 가능하면 일을 적게 하고 싶은 의도를 갖는 사람들이 많다.

(2) 근면에 필요한 자세

직장에서 하는 일에 능동적, 적극적인 태도로 임해야 할 이유는 적극적 태도로 일을 수행할 경우에, 일하는 시간을 즐거운 마음으로 보낼 수 있다는 것이다. 즐거운 마음으로 지내는 것은 그 자체가 행복이다. 즉, 근면하기 위해서는 업무 수행에 있어서 '적극적이고 능동적인 자세'로 임해야 한다.

2) 정직한 행동

(1) 정직과 사회시스템

사회시스템은 구성원 간에 신뢰가 존재하는 경우에 정상적 운영이 가능해지며, 신뢰를 유지하는 데 필요한 규범이 '정직'인 것이다. 즉 사회시스템이 정상적으로 작동되려면 정직과 신뢰가 존재해야 가능하다.

(2) 정직과 신용의 지침

① 정직과 신뢰를 조금씩 쌓아가자.

매사에 정직한 태도를 견지하여 '정직과 신뢰'라는 자산을 축적하자.

② 잘못된 것은 정직하게 밝히자.

모든 일은 투명하고 사실 그대로 보고하며 사실 그대로 알려주어야 한다. 결함의 잘못보다 정직하지 못한 것이 더욱 잘못된 것이다.

③ 정직하지 않은 것을 인정하지 말자.

개인적인 인정으로 정직하지 않은 것에 대해 타협하는 것은 결국 또 다른 부정을 일으키게 된다.

④ 부정직한 관행은 받아들이지 말자.

부정직 관행이 사라지지 않으면 발전이 이루어지지 않는다. 관행으로 했던 일도 내가 한 행위는 나의 책임이다.

3) 성실한 자세

(1) 성실의 의의

능력이 뛰어나더라도 성실이 뒷받침되지 않으면 인간관계는 오래갈 수 없다. 조직의 리더가 구성원에게 원하는 첫째 요건은 성실성이라고 한다. 성실은 일관된 마음과 정성으로 이루어지는 덕이다.

(2) 성실한 사람과 지속적 성공

만약 단기간 내에 큰돈의 획득이 목적일 경우에는 정직하고 성실한 태도만으로써 목적을 달성하기는 어려울 수도 있다. 그러나 생활에 적당한 정도의 돈을 지속적으로 얻는 것이 목적일 경우에는 정직, 성실한 태도가 안전할 것이다.

우리에게 꼭 필요한 것은 기본 생활에 필요한 정도의 돈이므로 굳이 무리하게 비정상적인 방법으로 거액의 돈을 획득하려고 할 필요는 없을 것이다.

정직, 성실한 노력을 꾸준히 하는 것이 여러 사람으로부터 인정을 받게 되며 생활의 안정에 필요한 금액의 돈과 심리적 안정을 얻을 수 있을 것이다.

단시간에 큰돈을 획득하기 위해 성실하지 않은 방법으로 일에 임하는 경우가 있는데, 장기적 측면에서 보면 성실한 사람이 인생 전체적인 측면에서 성공하게 된다.

3 공동체윤리

1) 봉사의 의미

(1) 봉사의 개념

봉사는 자신의 이익보다는 남을 위하여 일하는 것을 의미한다. 직업인에게 봉사란 고객 가치를 최우선으로 하는 것을 의미한다.

고객은 회사의 발전을 도와주는 토대이다. 고객에게 신뢰 받고 사랑 받는 회사는 발전한다. 기업이 고객에게 선택 받기 위해서는 고객이 만족할 봉사(서비스)가 이루어져야 하는 것이다. 회사는 고객의 필요(need), 욕구(want)는 무엇이며, 고객이 원하는 품질수준은 어느 정도인가를 생각하고, 합리적 생산관리, 만족스런 서비스를 제공해야 한다.

고객의 소리를 경청하고 요구사항을 해결하는 것은 기업 활동의 핵심이다. 아무리 우수한 품질의 상품도 높은 수준의 서비스가 뒷받침되지 않으면 고객은 만족하지 않는다. 상품이 풍부해진 최근의 고객만족 여부는 상품뿐만 아니라 서비스에 의해서 좌우된다.

(2) 고객접점서비스의 의미

고객접점서비스란 고객과 서비스 요원 간의 15초 동안의 짧은 시간에 이루어지는 서비스로서 이 시간을 '진실의 순간(moment of truth: MOT)' 또는 '결정적 순간'이라 한다.

이 15초 동안에 서비스 요원이 고객에게 우리 회사를 선택한 것이 최선의 선택이었다는 것을 고객에게 입증시켜야 한다. 고객이 상품, 서비스를 구매하는 과정에서 서비스 요원은 고객을 만족시켜야 하는 것이다. 이를 위해서 서비스 요원들에게 권한을 부여하고 교육이 필요하며, 원활한 서비스 전달시스템이 설정되어야 한다.

서비스기업 관리자는 고객접점에서 직접적인 서비스를 담당하는 요원뿐만 아니라 경비, 운전사, 전화교환, 청소 요원 등 간접적인 서비스요원들도 고객접점에 있으므로 그들의 용모, 서비스정신 등을 교육해야 된다.

서비스 시에 금지해야 할 행위로는 개인 용무의 전화를 하는 행위, 고객을 방치한 채 동료 업무자와 대화하는 행위, 이어폰으로 음악을 듣는 행위 등이 있다.

2) 책임의 의미

(1) 책임의 개념

책임이란 '모든 결과는 나로 인해 일어난 것'이라는 태도를 말한다. 직업의식에서 강조되는 책임과 이타주의는 책임정신의 직업윤리이다.

직장의 구성원들은 자신의 목표를 회사 목표와 일치시키고, 회사 목표에 공헌해야 하는데 이것이 바로 책임이다. 현대사회에서 발생하는 많은 문제들은 해야 할 행위를 하지 않음으로써 발생하는 문제들이며, 이는 책임과 관련이 있다.

(2) 책임에 필요한 자세

책임의식을 갖는 태도는 인생에 긍정적인 역할을 한다. 인생에 있어서 생겨나는 사건에 대해서 피해의식을 가질 수도 있으며, 다른 측면으로 "이것은 내 행동의 결과야"라는 식으로 그 일에 대해 책임의식을 가질 수도 있다.

일반적으로 자기 일에 대한 책임감이 투철한 사람은 조직 업무에 많은 도움을 주므로 조직에서 필요한 사람으로 인식되는 경우가 많다. 자기의 역할에 최선을 다하고 책임을 완수하는 자세가 바람직하다.

3) 준법의 의미

(1) 준법의 개념

준법은 민주 시민으로서 준수해야 할 의무이며 생활 자세이다. 사회의 법과 규칙을 준수해야 자신의 권리, 다른 사람의 권리가 보호되며 사회 질서가 유지된다.

(2) 준법의식

우리 사회는 민주주의와 시장경제를 지향하고 있는데, 민주주의와 시장경제는 많은 자유와 권리를 부여하지만, 그와 동시에 규율의 준수와 책임을 요구한다.

4) 직장 예절

(1) 예절의 의미

예절이란 오랜 생활습관을 통해 공통된 생활방법으로 정립되어 그 사회에서 관습적으로 행해지는 사회적인 생활규범이다.

예절은 일반적으로 에티켓이라는 용어로 많이 통용되는데, 현대 에티켓의 본질은 "남에게 폐를 끼치지 않으며, 남에게 호감을 주며, 남을 존경한다" 등의 뜻으로 요약된다. 즉, 에티켓은 남을 대하는 올바른 마음가짐이나 태도를 의미한다.

(2) 예절의 특성

사람들이 공동 문화를 형성하며 사회생활을 하는 일정 지역을 생활문화권이라 한다. 그 생활문화권의 사람들이 가장 바람직한 방법이라 간주하며 행하는 생활방법이 예절이다.

예절은 같은 언어문화권과 밀접한 관계를 갖는다. 그리고 같은 언어문화권이라도 예절이 원거리 지방의 경우에 약간씩 다를 수 있다. 그러나 예절도 한 국가에서는 통일되어야 그 나라 전체적으로 원활하게 생활하기가 용이할 것이므로 예절도 통일되는 방향으로 가야 할 필요가 있다.

(3) 직장에서의 인사예절

인사는 아름다운 행위로 기본이 되는 예절이다. 인사를 할 때는 정성스럽고 정중한 태도를 갖추어야 한다.

① 첫인사

인사는 상대를 존중하는 예의이며 인간관계를 형성하는 기본적인 행위이다. 처음 만난 사람에 대한 인사는 그 사람의 첫인상으로서 대인관계에서 중요한 역할을 한다.

인사를 할 때는 다음 사항들을 유의하여야 한다.

- 상대방보다 먼저 인사한다.
- 인사를 받았을 경우 적절히 응답한다.
- 명랑하고 활기찬 표정으로 인사한다.
- 상대방이 누구인가에 따라 인사법이 다르면 안 된다.

악수는 상대방을 만났을 경우, 일반적인 인사법으로서 전 세계적으로 사용되며 우호와 화합의 의미를 갖는다.

- 상대의 눈을 바라보며 밝은 표정을 짓는다.
- 오른손을 사용하며, 손을 너무 꽉 잡아서는 안 되며, 손끝만 잡아도 안 된다.
- 주머니에 손을 넣고 악수를 하면 안 된다.

② 소개

소개는 서로가 처음 만나는 단계이므로, 예의바른 행동을 통해 좋은 인상을 상대방에게 전달해야 한다.

소개는 두 사람이 처음 만났을 경우에 처음 만난 두 사람이 보다 부드럽게 만남을 시작할 수 있도록 도와주는 행위이다. 비즈니스 상의 업무 상 소개를 할 경우에는 직장에서의 서열과 나이를 고려하며, 이 경우에 성별은 고려의 대상이 되지 않는다. 소개의 순서, 방법은 다음과 같다.

- 연소자를 연장자에게 소개한다.
- 소개하는 사람이 속해 있는 회사의 직원을 타 회사의 직원에게 소개한다.
- 직급이 낮은 사람을 직급이 보다 높은 사람에게 소개한다.
- 동료 직원을 고객, 손님에게 소개한다.
- 성, 이름을 함께 말한다.
- 천천히, 명확하게 말한다.

③ 명함 교환 예절

명함은 비즈니스맨에게는 없어서는 안 될 업무상 소도구이다. 명함은 받는 사람에게 상대방의 직업, 전화번호, 이메일 주소 등 유용한 정보를 제공해 주며, 비즈니스의 첫인상을 주게 된다.

명함을 주고받을 때의 다음과 같은 점에 유의해야 한다.

- 명함은 명함 지갑을 통해 주고 받는다.
- 명함은 하위자가 먼저 꺼내야 하며, 상위자에 대해서는 왼손으로 받치는 것이 예의이다.
- 명함을 받으면 그대로 지갑에 집어넣지 말고 명함 내용에 관해서 간단하게 대화를 건네 본다.
- 대화를 하면서 습득한 유용한 정보는 만남이 끝난 후에 명함에 기록한다.

(4) 전화예절

전화는 직접 만나서 업무를 진행하는 것보다 신속하고 경제적으로 업무를 수행할 수 있다. 그러나 대면하지 않은 상태이기 때문에 상대방의 표정, 태도, 반응을 정확하게 알 수가 없다는 측면이 있다. 그러므로 전화예절은 더욱 주의를 기울여야 한다.

전화 통화를 할 때는 자신의 소속, 이름을 먼저 밝힌 다음 용무를 말한다. 그리고 말할 때는 부드럽게 말한다.

① 전화 걸기

- 통화 전에 먼저 전화통화를 통해 얻으려고 하는 내용이 무엇인지 미리 메모를 통해 준비한다.
- 업무 관련 전화는 근무 시간 내에 걸도록 한다.
- 전화를 직접 받지 못하였을 경우, 전화를 해달라는 메시지를 받았을 경우에는 답해주도록 한다.

② 전화 받기

- 전화를 받고 바로 당신이 누구인지를 말한다.
- 발음은 명확하게 예의를 갖추면서 말한다.
- 목소리에 미소를 띠고 부드럽게 말한다.
- 펜과 메모지를 준비해 두어 메시지를 받아 적는다.
- 긍정적인 말로서 전화 통화를 마치며, 상대방에게 감사의 말을 한다.

③ 스마트 폰

스마트 폰은 일상적 비즈니스 거래에 필요하고 인터넷에 접속하여 업무도 처리할 수 있는 필수품이다. 스마트 폰은 편리하지만 오히려 업무에 지장을 가져오는 경우도 있다. 스마트 폰을 사용할 경우에 다음을 유의해야 한다.

- 너무 많은 SNS의 사용을 하지 않으며, 시간을 정하여 이용한다.
- 통화 또는 온라인상에서 예절을 지킨다.
- 여러 사람이 있을 경우에는 알림은 무음으로 하여 다른 사람 업무에 방해를 주지 않도록 한다.

(5) 직장에서의 이메일 예절

스마트 폰을 이용하더라도 업무 관련 사항은 이메일을 통해 주고 받는 것이 일반적이다. 이메일은 정보를 주고받는 편리한 방법이다. 그런데 축약된 언어, 이모티콘의 많은 사용으로 인해 연락을 받는 상대방이 전달 내용을 올바로 이해할 수 없는 경우도 있을 수 있다.

이메일상에서 사용되는 특유의 언어는 최소한으로 사용하는 것이 바람직하며, 올바른 문법이나 철자를 사용하는 것이 좋다. 그리고 이메일 메시지는 가능한 한 간결하게 작성하여, 상대방이 빨리 읽고 응답 메일을 보낼 수 있도록 해야 한다.

이메일 메시지를 보내는 경우에 다음과 같은 사항에 유의하여야 한다.

- 메시지에는 제목을 넣도록 한다.
- 메시지는 이해하기 쉽도록 간략하게 만든다.
- 올바른 철자와 문법에 맞는 문장을 사용한다.

5) 성예절

(1) 성예절의 의미

직장에서 성예절을 적절하게 준수하지 않으면 성희롱의 문제로 연결되는데, 이 경우에 가해자들 입장에서는 "희롱할 의사가 없었다"고 하지만, 피해자 입장에서는 큰 모욕감을 받았다고 한다. 가해자와 피해자의 인식, 입장 차이에서 성희롱 문제가 발생하게 된다.

직장 내 성희롱은 직장 내 상급자 등이 직장 내의 지위를 이용하여 다른 근로자에게 성적 굴욕감, 혐오감을 느끼게 하는 행위 등이라고 정의되고 있다.

어떤 행위가 성희롱이냐 아니냐의 법률적인 기준은 가해자 측면에서 '의도적 성희롱이냐, 아니냐'를 중시하는 것이 아니라, 피해자 측면에서 '성적 수치심, 굴욕감을 느꼈느냐, 아니냐'가 기준이다.

즉, 가해자가 성적인 의도 없이 했더라도, 피해자가 '성적 수치심, 굴욕감을 느꼈고, 합리적인 기준으로 보았을 때 피해자의 입장이 인정될 경우'에 성립되는 것이다.

이와 같이 성희롱 관련법의 취지는 '피해자 보호' 측면에 맞춰져 있는데, 그 이유는 일반적으로 피해자가 직장에서 약자의 입장에 있다는 것이다.

(2) 성예절 준수 자세

성희롱 예방을 위해서는 남녀공존의 직장문화를 정착시켜야 한다. 이를 위해서는 직장에서 과거와는 다른 다음과 같은 남녀공존의 사고와 행동이 정립되도록 해야 한다.

① 여성의 직업 참가율이 예전에 비해 비약적으로 높아졌다. 예전에는 직장에서 여성들이 한정된 업무를 담당하였지만 현재는 직장에서 여성과 남성이 동등한 직무에서 역할 담당을 한다는 인식을 가져야 한다.
② 직장에서 여성이 남성과 동등한 지위를 부여, 보장받기 위해서 그만큼 책임과 부여된 역할을 다해야 한다.
③ 성희롱 문제를 사전에 예방하며 효과적으로 처리하는 방안이 필요하다.

직장 내 직원들은 부적절한 언어와 행동을 하지 않음으로써 임직원으로서의 품위를 지켜야 한다. 그리고 사회적, 윤리적으로 어긋나는 행위를 하지 않아야 하고, 상대방 간에 존경과 신뢰를 바탕으로 직장생활을 해야 한다.

성예절에 어긋나는 행동에 대해 다음과 같은 대처를 하는 것이 필요하다.

① 개인적 대응

- 거부의사를 밝히고 어긋난 행동을 중지할 것을 요구한다.
- 어긋난 행동의 증거자료를 확보한다.
- 직장 내 상사 또는 노동조합 등의 직장 내부기관에 도움을 요청한다.
- 성폭력 상담기관 등에 상담 또는 도움을 요청한다.

② 직장의 대응

- 회사 내부의 담당 직원이나 외부 전문가를 통해 공정하게 처리한다.
- 해당 내용을 신속하게 조사, 처리한다.
- 관련된 개인적 정보의 유출을 방지한다.
- 가해자에 대해 조치를 취하고 그 결과를 피해자에게 통지한다.

연습문제

1. 직업의 의미에 대해 서술하시오.

2. 정직과 신용을 구축하기 위한 지침은 무엇인가?

3. 직장에서의 인사예절은 어떤 것들이 있는가?

4. 비즈니스에서 상대방을 소개하는 방법을 설명하시오.

5. 직장에서의 전화예절에 대해 서술하시오.

02 PART

정보능력

CHAPTER

04 컴퓨터 시스템 활용

학습목표

업무를 수행하는 데 필요한 컴퓨터 시스템 활용 능력을 습득하고 활용할 수 있다.

1. 자료와 정보와 지식의 차이점을 이해하고 설명할 수 있다.
2. 엑셀 데이터 유형을 이해하고 편집할 수 있다.
3. 컴퓨터 구조와 진법 변환과 처리 단위를 이해하고 활용할 수 있다.
4. 엑셀의 서식, 셀 참조 유형 및 수식을 이해하고 활용할 수 있다.
5. 엑셀 함수를 이해하고 활용할 수 있다.
6. 검색 엔진과 검색 방식을 이해하고 활용할 수 있다.

1 자료의 유형과 편집

1) 자료와 정보와 지식

직업기초능력으로서 정보능력은 컴퓨터활용능력과 정보처리능력으로 구분된다. 정보능력이란 업무를 수행함에 있어 기본적인 컴퓨터를 활용하여 필요한 정보를 수집, 분석, 활용하는 능력을 의미한다. 이러한 정보능력은 업무 수행에 필요한 정보를 수집, 분석, 조직, 관리, 활용하는 데 있어 컴퓨터를 사용하는 컴퓨터활용능력과 업무 수행에 필요한 정보를 수집하고, 분석하여 의미 있는 정보를 찾아내며, 찾아낸 정보를 업무 수행에 적절하도록 조직·관리하고 활용하는 능력인 정보처리능력으로 구성되어 있다.

자료(data) 또는 데이터는 현실세계에 있는 내용을 측정하거나 단순히 수집하여 기록한 형태를 말하며, 정보는 수집된 데이터를 목적에 맞게 가공하여 사용자에게 사용할 수 있도록 제공하는 형태이며, 지식은 정보를 활용하여 가치 있게 변화시킨 형태를 의미한다.

정보능력 학습자용 워크북에 있는 자료와 정보와 지식의 정의는 다음과 같다. 자료는 정보 작성을 위하여 필요한 자료를 말하는 것으로, 이는 아직 특정의 목적에 대하여 평가되지 않은 상태의 숫자나 문자들의 단순한 나열을 뜻한다. 정보는 데이터를 일정한 프로그램에 따라 컴퓨터가 처리·가공함으로써 특정한 목적을 달성하는 데 필요하거나 특정한 의미를 가진 것으로 다시 생산된 것을 뜻한다. 지식은 어떤 특정의 목적을 달성하기 위해 과학적 또는 이론적으로 추상화되거나 정립되어 있는 일반화된 정보를 뜻하는 것으로, 어떤 대상에 대하여 원리적·통일적으로 조직되어 객관적 타당성을 요구할 수 있는 판단의 체계를 제시한다.

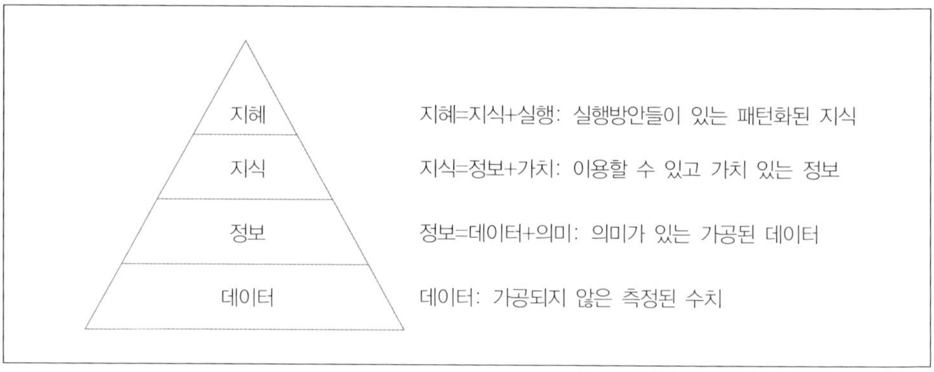

이러한 개념으로 볼 때 데이터가 정보보다는 덜 중요하다고 생각할 수 있지만, 데이터 과학과 인공지능 및 빅데이터나 데이터 분석 기법 등이 활성화되면서 데이터에 대한 중요성이 증가하였다. 데이터의 중요성이 증가함에 따라 컴퓨터를 활용하여 필요한 데이터를 수집하고 저장하고 관리하고 가공하여 분석하고 활용하는 능력도 필요해지고 있다. 이 장에서는 엑셀을 활용하여 데이터를 수집, 저장, 관리, 가공, 분석, 활용하는 방법을 배운다.

2) 엑셀 기본 화면

다음은 엑셀 2016의 기본 화면이다.

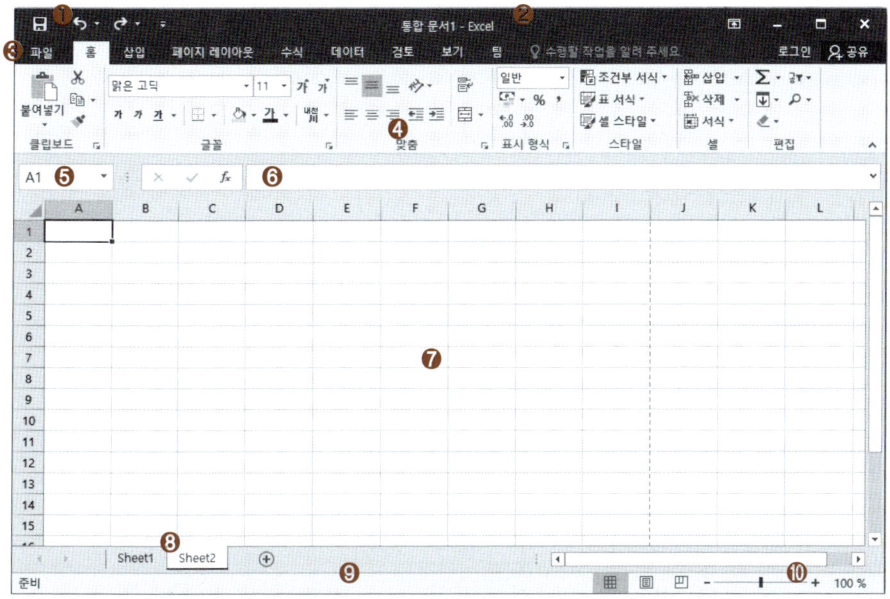

〈표 4-1〉은 엑셀 기본 화면에 대한 간략한 설명이다.

표 4-1 엑셀 기본 화면에 대한 설명

번호	이름	설명
①	빠른 실행 도구 모음	자주 사용되는 도구들을 모아놓은 곳
②	제목표시줄	현재 작업 중인 파일이름과 프로그램 이름을 표시
③	파일	정보, 새로 만들기, 열기, 저장 등의 메뉴가 표시
④	리본메뉴	엑셀에서 제공하는 다양한 기능을 탭으로 분류하여 표시
⑤	이름상자	선택된 셀의 이름이나 영역에 정의된 이름을 표시
⑥	수식입력줄	선택된 셀의 수식을 그대로 표시
⑦	워크시트	데이터 편집이 수행되는 공간으로 행 머리글과, 열 머리글, 행과 열이 교차하는 셀, 작업이 수행되는 셀 포인터로 구성
⑧	시트탭	통합 문서에 있는 시트들을 표시
⑨	상태표시줄	현재 작업 상태를 표시
⑩	확대/축소 컨트롤	화면 확대/축소 설정

빠른 실행 도구 모음은 고정된 것이 아니며 자주 사용되는 도구를 추가하거나 삭제할 수 있다. 리본 메뉴에서 마우스 우측버튼 누른 바로가기 메뉴에서 [빠른 실행 도구 모음에 추가]를 선택하면 추가할 수 있다. 리본 메뉴는 탭에 따라 표시되는 그룹이 다르다. 탭 종류에는 홈, 삽입, 페이지 레이아웃, 수식, 데이터 등이 있으며, Alt나 F10을 누르면 바로가기 키가 표시된다. 각 탭에는 여러 개의 그룹이 있으며, 그룹 안에는 여러 개의 명령들이 있다. 홈 탭의 그룹에는 클립보드, 글꼴, 맞춤, 표시 형식 등이 있다. 그룹 안의 명령도 바로가기 키를 사용할 수 있는데 Alt나 F10을 누른 후 해당 탭의 바로가기 키를 누른 후에 표시된다. 다음 그림은 Alt를 누른 후 H를 눌렀을 때 나타나는 화면으로 홈 탭의 바로가기 키들을 보여주고 있다. 이 상태에서 X를 누르면 잘라내기가 실행되며 V를 누르면 붙여넣기가 실행되며 3을 누르면 텍스트에 밑줄 넣기 명령이 실행된다. 그림에는 글꼴 색 명령을 빠른 실행 도구 모음에 추가된 결과도 보여주고 있다.

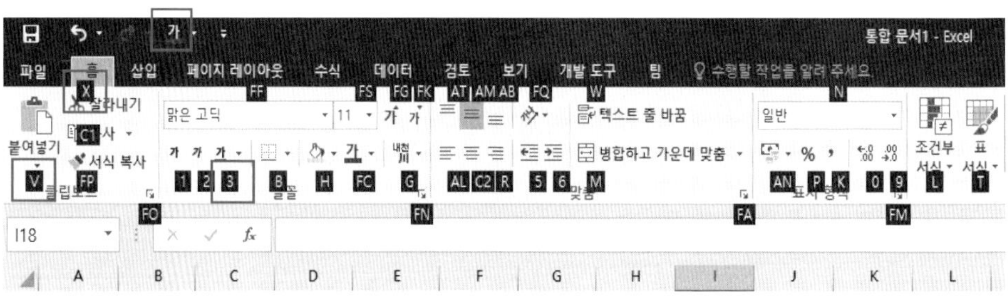

시트 탭을 이용하여 여러 개의 시트 중에서 작업할 시트를 선택할 수 있으며, 시트를 추가하거나 삭제도 가능하다. 시트의 이름을 변경하거나 위치를 이동시킬 수 있으며, 시트의 내용을 전체 복사하는 시트 복사도 가능하다. 상태표시줄에는 현재의 작업 상태를 표시하며, 특정 범위를 선택하면 선택 영역의 데이터에 대한 평균, 개수, 합계가 표시된다.

3) 엑셀 제공 기능과 데이터 유형

엑셀 프로그램은 스프레드시트 프로그램으로 다음과 같은 기능들을 제공한다.

- 데이터의 입력과 편집
- 수식 또는 함수를 이용한 데이터 계산
- 데이터베이스 기능
- 데이터 분석 기능
- 차트 기능

엑셀에 데이터를 입력하고 편집하는 기능은 워크시트의 셀에 데이터를 입력하고 편집하는 것이다. 엑셀에 입력할 수 있는 데이터의 유형에는 문자, 숫자, 시간, 날짜, 수식 데이터 등이 있다.

표 4-2 엑셀 데이터 유형

유형	설명	예시
문자 데이터	한글, 영문, 특수문자 등, 왼쪽 정렬	가나다, abc, 가a?-, '12
숫자 데이터	0~9까지 숫자, 백분율, 통화 등, 오른쪽 정렬	123, ₩34,000, 1/3
날짜 데이터	-나 /을 이용하여 연도, 월, 일 입력	3/4 입력 → 3월4일
시간 데이터	:을 이용하여 시, 분, 초를 입력	11 : 30 입력 → 11 : 30 : 00
수식 데이터	=로 시작되며 숫자, 참조, 연산자, 함수를 포함	=2+3*4, =A1+A2, =A1<A2, =sqrt(A1*A2)

문자 데이터는 한글, 영문, 특수문자 등이 있으며 이들과 숫자가 혼합된 데이터도 문자 데이터이다. 숫자를 문자데이터로 입력하려면 숫자 데이터 앞에 작은따옴표(') 문자를 입력하면 된다. 입력한 데이터가 셀의 너비보다 긴 경우, 셀의 너비만큼만 데이터를 표시한다. 한 셀에 2줄 이상 입력하려면 줄바꿈 위치에서 Alt+Enter를 입력하면 된다.

숫자 데이터는 0에서 9까지의 숫자뿐만 아니라 +, -, 소수점(.), 통화 기호($), 쉼

표(,) 등을 사용한 데이터이다. 음수를 표현할 때는 -나 괄호 ( )를 이용하면 된다. 분수를 표현할 때는 날짜 데이터와 구분하기 위해 0을 먼저 입력한 후 한 칸 띄고 분수를 입력하면 된다. 즉, ⅓을 입력하려면 0 1/3을 입력하면 된다.

날짜 데이터와 시간 데이터를 한 셀에 입력할 때는 날짜 데이터 입력 후 한 칸을 띄고 시간 데이터를 입력하면 된다. 날짜를 입력할 때 연도를 생략하면 셀에 표시가 되지 않지만, 실제로는 올해의 연도가 추가로 입력된다. 시간은 24시간제로 표시되며, 12시간제로 표시하려면 AM 또는 PM을 입력해야 한다. 시간에 초를 생략하면 00초가 입력된다.

문자 데이터는 기본적으로 왼쪽 정렬되며, 숫자와 날짜 및 시간 데이터는 오른쪽 정렬된다. 문자 데이터는 연산 기능을 적용할 수 없는 데이터이며, 숫자와 날짜 및 시간 데이터는 연산 기능을 적용할 수 있다. 날짜와 시간 데이터는 형식에 맞춰서 입력되지 않은 경우에는 연산 기능이 적용되지 않는다.

수식 데이터는 셀에 입력된 데이터를 연산하기 위한 연산 방식을 기술한 데이터로 숫자, 참조, 연산자, 함수 등으로 구성된다. 수식이 입력된 셀에는 수식의 결과값이 표시되며, 수식 입력줄에는 작성된 수식이 표시된다. 수식은 일반적으로 등호(=)로 시작되지만, +, - 기호로도 시작 가능하다. 수식에 사용되는 연산자에는 산술 연산자, 비교 연산자, 참조 연산자 등이 있다.

4) 엑셀 데이터 편집

데이터 편집 기능은 데이터를 입력하고 수정하고 삭제하는 기능이다. 셀에 데이터를 입력하는 방법은 마우스나 키보드로 셀을 선택한 후 데이터를 입력하고 Enter 키 또는 Tab 키를 치면 된다. Enter 키를 누르면 아래쪽 셀로, Tab 키를 누르면 다음 셀로 이동한다. Shift 키를 누른 상태로 Enter 키 또는 Tab 키를 치면 위쪽 셀 또는 이전 셀로 이동한다. 데이터를 수정하는 방법은 전체 수정하는 방법과 부분 수정하는 방법이 있다. 해당 셀에서 F2를 치면 수식 데이터를 수정할 수 있다. 데이터를 삭제하는 방법은 삭제할 셀을 선택한 후에 Delete 키를 누르면 된다.

데이터에서 특정 내용을 찾아서 내용을 바꾸는 기능도 엑셀의 편집 기능이다. 찾기와 변경하기 단축키는 Ctrl+F와 Ctrl+H이다. 이 기능을 이용하여 특정 내용을 찾거나 변경가능하다. 특정 내용이 워크시트에 많을 경우 해당 내용을 찾으면서 변경할 수 있지만, 변경할 내용을 모두 한꺼번에 변경할 수도 있다.

연속된 셀을 선택하기 위해서는 선택할 영역을 마우스로 드래그하거나 첫 번째 셀을 선택한 후 Shift를 누른 상태로 방향키를 눌러 범위를 지정하거나 마지막 셀을 클릭하면 된다. F8을 누르고 방향키를 이용하여 범위를 지정할 수도 있다. 연속되지 않은 셀들을 선택하기 위해서는 첫 번째 셀을 선택한 후 Ctrl를 누른 상태로 추가할 셀들을 마우스로 클릭하거나 드래그하면 된다.

표 4-3 엑셀에서 데이터 편집 기능

편집기능	설명
입력	– 데이터 입력 후 Enter 키 또는 Tab 키 또는 방향키 → Enter 키는 아래로, Tab 키는 우측으로 이동 – 한 셀에 여러 줄을 입력할 때는 Alt+Enter – 범위 지정한 곳에 동일한 데이터 입력하려면 Ctrl+Enter
수정	– 전체 수정하려면 셀 포인터를 놓고 새로운 데이터 입력 – 부분 수정하려면 해당 셀을 더블클릭하거나, 수식 입력 줄을 클릭하거나, 해당 셀에서 F2 누른 후에 수정
삭제	– 한 개의 셀이나 범위를 지정하고 Delete 키 입력
바꾸기	– Ctrl+H를 누르면 나타나는 찾기 및 바꾸기 대화상자에서 찾을 내용과 변경 내용을 입력한 후 바꾸기 또는 모두 바꾸기를 클릭

2 정보화 사회와 컴퓨터

1) 정보화 사회의 변화속도

현대 사회를 정보혁명, 컴퓨터 혁명 또는 커뮤니케이션 혁명으로부터 파급된 정보화 사회라고 부른다. 정보화 사회는 정보와 지식의 가치가 높아지고 정보와 지식이 사회의 중심이 되는 사회이다. 정보화 사회는 지식과 정보에 대한 생산, 유통, 활용 능력이 개인과 사회 및 국가의 경쟁력이 되는 사회이다.

정보화 사회는 정보통신 기술의 발전과 이와 관련된 다양한 소프트웨어의 개발과 네트워크화를 통해 전 세계를 하나의 공간으로 여기는 수평적 네트워크 커뮤니케이션이 가능한 사회로 발전하고 있다. 정보화 사회에서는 경제 활동의 중심이 상품의 정보나 서비스, 지식의 생산에 있는 사회이다. 즉, 지식정보와 관련된 산업이 부가가치를 높일 수 있는 사회로 변화되고 있다. 결국 정보화 사회는 눈으로 볼 수 있는 물질이나 에너지 이상으로 정보 자체가 중요한 자원이 되는 사회이기 때문에, 정보의 가치 생산을 중심으로 사회 전체가 움직이고 있다. 정보화 사회의 특성을 산업사회와 비교하면 〈표 4-4〉와 같다.

표 4-4 산업사회와 정보화 사회의 특성 비교

구분	산업사회	정보화 사회
생산방식	제조	서비스
자원	전기, 석유	정보
변화속도	상대적으로 느림	빠름
경쟁정도	보통	치열함
수요와 공급	수요 〉 공급	수요 〈 공급
경영중심	관리	전략

정보화 사회는 정보를 창출하는 지식관련 산업을 중심으로 다양한 산업과의 융합을 통해 고도산업사회를 이루어 가고 있다. 정보화 사회의 변화속도는 급속도로 빨라서 현재는 지능 정보화 사회라고 하고 있다. 지능 정보화 사회는 고도화된 정보통신 기술 인프라를 통해 데이터를 생성, 수집하고, 축적된 데이터와 인공지능(AI) 기술이 결합된 지능정보기술이 정치, 경제, 사회, 문화 등 모든 분야에 전반적으로 융합되어 새로운 가치가 창출되고 발전해 나가는 사회이다.

미래에는 컴퓨터 응용 기술과 정보통신 기술이 비약적으로 발전하여 우리

생활에 여러 가지 변화를 가져올 것이다. 컴퓨터의 성능은 보다 높아지고, 소형화되며 정보통신망의 고속화 및 확대와 융합 기술의 활용 범위가 확대됨에 따라 정보 능력을 갖추지 못한 사회인은 미래 사회에서 뒤처지게 된다.

정보화 사회는 컴퓨터 기술과 정보통신 기술을 통해 매순간 수많은 정보가 생성되고, 빠르게 변화되는 사회이다. 정보화 사회는 정보가 중요한 시대이며, 사회 전반적으로 정보의 중요성은 계속적으로 증가하고 있다. 정보화 사회는 물품 제조보다는 서비스 위주의 사회이며 자본보다는 지식 자원이나 지적 기술이 중심이 되는 사회이다. 또한, 정보화 사회는 정보통신 기술의 발전과 고도화된 소프트웨어 기술로 인해 빠르게 변화되고 있다.

현재는 정보화 사회에서 발전된 4차 산업혁명 시대라고 한다. 4차 산업혁명은 특징은 초지능화와 초연결화이다. 4차 산업혁명의 핵심 기술은 초고속의 통신 기술, 대용량의 데이터, 초고도화된 소프트웨어 기술이다. 4차 산업혁명의 기술 사례에는 초고속 인터넷과 5G, 빅데이터, 인공지능, 사물인터넷 등이 있다. 4차 산업혁명은 이러한 기술들이 다른 산업과의 융합으로 새로운 가치를 창출하는 혁명이다.

매 시간마다 수천수만 개 이상의 정보가 생성될 정도로 변화가 빠른 정보화 사회에서 정보능력은 필수적으로 요구된다. 정보화 사회에서 컴퓨터의 중요성은 커지고 있으며, 기초 직업 능력에서 정보 능력의 하위 능력인 컴퓨터 활용 능력은 직장인이 업무를 수행하기 위해서 반드시 갖춰야 할 능력이다. 현대인이 컴퓨터를 능숙하게 활용하기 위해서는 컴퓨터에 대한 이해가 필요하다.

2) 컴퓨터 구성 요소와 진법 변환

컴퓨터 시스템은 전자식 기계 장치인 하드웨어와 하드웨어를 이용하는 프로그램인 소프트웨어로 구성된다. 컴퓨터 하드웨어에는 중앙처리장치, 주기억장치, 보조기억장치, 입력장치, 출력장치가 있다. 컴퓨터 하드웨어는 주어진 기능만을 수행하는 수동적인 장치에 불과하지만, 하드웨어에 대한 지식은 컴퓨터를 더 잘 쓸 수 있도록 한다.

컴퓨터의 중앙처리장치는 제어장치, 연산장치, 레지스터로 구성되며, 컴퓨터 전체 장치를 제어하고 명령어를 실행하는 장치이다. 현재 컴퓨터 아키텍처는 폰노이만 아키텍처로 계산할 때마다 키보드를 눌러서 계산하는 계산기와 다르게 전체 작업 과정을 명령어와 데이터로 구성된 프로그램으로 작성하여 프로그램을 구성하는 명령어들을 순서대로 실행시키는 구조이다. 이러한 아키텍처를 프로그램 내장방식이라고 하며 보조기억장치에 있는 프로그램을 주기억장치에 적재한 후, 한 명령어씩 중앙처리장치에 가져와서 실행한다.

주기억장치의 유형으로는 ROM(Read Only Memory)과 RAM(Random Access Memory)이 있다. ROM은 읽기 전용 메모리이며, RAM은 휘발성 메모리라서 전원이 꺼지면 저장된 내용이 지워지는 메모리이다. 보조기억장치는 비휘발성 메모리라 전원이 꺼져도 저장된 내용이 지워지지 않는다. 보조기억장치는 전통적으로 하드디스크가 있으며, 현재는 속도가 빠른 전자식 장치인 SSD(Solid State Drive)가 있다. 보조기억장치에는 시스템에 설치된 실행 가능한 파일과 작업 문서 파일이나 멀티미디어 파일처럼 다양한 유형의 파일들이 저장된다.

컴퓨터 내부에서는 2진법을 사용한다. 2진법을 사용하는 이유는 컴퓨터 저장 공간에는 0 또는 1만 저장할 수 있기 때문이다. 컴퓨터에서 데이터를 표현하는 최소 단위는 비트(bit)이다. 1비트로 표현할 수 있는 숫자는 0과 1이다. 이러한 비트를 8개 묶으면 1바이트(byte)가 된다. 1바이트의 내용을 표현할 때 8자리의 2진법을 사용할 수 있지만 2자리의 16진법이 편리하여 자주 사용된다. 예를 들어, 2진법 101011은 16진법으로 2B로 표현된다.

표 4-5 10진법, 2진법, 16진법 비교표

10진법	2진법	16진법
0	0000	0
1	0001	1
2	0010	2
3	0011	3
4	0100	4
5	0101	5
6	0110	6
7	0111	7
8	1000	8
9	1001	9
10	1010	A
11	1011	B
12	1100	C
13	1101	D
14	1110	E
15	1111	F
16	10000	10
17	10001	11

10진법의 숫자를 2진법으로 표현하거나 2진법의 숫자가 10진법으로 얼마인지 알려면 진법 변환 과정을 알아야 한다. 다음은 이러한 진법 변환을 보여주며, 2진법을 10진법과 16진법으로 변환하는 방법도 보여준다.

<table>
<tr><th>10진법 → 2진법</th><th>2진법 → 10진법</th><th>2진법 → 16진법</th></tr>
<tr><td>2 │ 43
2 │ 21 − 1 ↑ 101011
2 │ 10 − 1
2 │ 5 − 0
2 │ 2 − 1
1 − 0</td><td>2^6 2^5 2^4 2^3 2^2 2^1 2^0
× × × × × × ×
1 0 1 1 0 0 1
$1*2^6+1*2^4+1*2^3+1*2^0$
=64+16+8+1
=89</td><td>1 1 │ 0 1 1 0 │ 1 1 1 1 │
3 6 F</td></tr>
<tr><td>43 → 101011</td><td>1011001 → 89</td><td>1101101111 → 36F</td></tr>
</table>

10진법을 2진법으로 변환하는 방법은 이전 그림과 같이 10진수를 2로 나눈 나머지들을 역순으로 적으면 2진수가 된다. 2진법을 10진법으로 변환하는 방법은 2의 자릿수만큼 제곱한 수를 해당하는 자리의 2진수와 곱한 값들을 더하는 방식이다. 2진법을 16진법으로 변환하는 방법은 2진수를 우측에서 4자리씩 묶어서 각각을 16진수로 변환하여 순서대로 적으면 된다.

기억용량 다음과 같은 여러 가지 단위로 표현된다. 일반적으로 기억 장치의 저장단위는 바이트(Byte)이다. RAM, 디스크, SSD의 저장용량은 바이트 단위로 표현된다. 기억용량이 커지면 K, M, G, T, P를 순서대로 붙여서 용량을 표시한다. 1KB는 1000바이트이며, 1MB는 1000KB이다.

단위	Byte	KB	MB	GB	TB	PB
2의 누승	$1=2^0$	2^{10}	2^{20}	2^{30}	2^{40}	2^{50}
10의 누승	$1=10^0$	10^3	10^6	10^9	10^{12}	10^{15}

처리 속도 단위는 비트(bit) 단위를 시간으로 나눈 값을 사용한다. 예를 들어, 30kb/s는 1초당 30k 비트를 처리하는 속도이다. 시간은 다음과 같은 여러 가지 단위로 표현된다. s는 ms의 1000배 초이며, 밀리초는 마이크로초의 1000배이다.

단위	s	ms	us	ns	ps
10의 누승	$1=10^0$	10^{-3}	10^{-6}	10^{-9}	10^{-12}
읽는 방법	초	밀리초	마이크로초	나노초	피코초

3) 소프트웨어와 운영체제

컴퓨터를 잘 활용하기 위해서는 빠르고 많은 용량을 갖는 성능이 좋은 하드웨어도 중요하지만, 현재는 하드웨어를 동작시키는 소프트웨어를 잘 다루는 것이 더 중요하다. 소프트웨어는 시스템을 운영하는 데 필요한 시스템 소프트웨어와 시스템 운영과 무관한 응용 소프트웨어로 구분된다. 대표적인 시스템 소프트웨어에는 운영체제가 있다. 운영체제에는 윈도우 10, 리눅스, 유닉스 등이 있다. 컴퓨터 시스템을 잘 활용하기 위해서는 우선 현재 사용하는 운영체제에 대한 지식과 사용법을 익혀야 한다.

다음 그림은 윈도우 10에서 컴퓨터에 대한 기본 정보를 보여주는 화면이다. 이러한 화면은 다음과 같은 여러 가지 방법으로 찾을 수 있다.

- 윈도우 로고키+Pause/break 키
- 탐색기에서 내PC를 선택한 후 파일 탭 밑에 있는 속성 탭 선택
- 바탕화면에 내PC를 마우스로 선택한 후 마우스 우측버튼을 누른 후 나타나는 바로가기 키에서 속성 선택하기
- [제어판]-[시스템 및 보안]-[시스템]

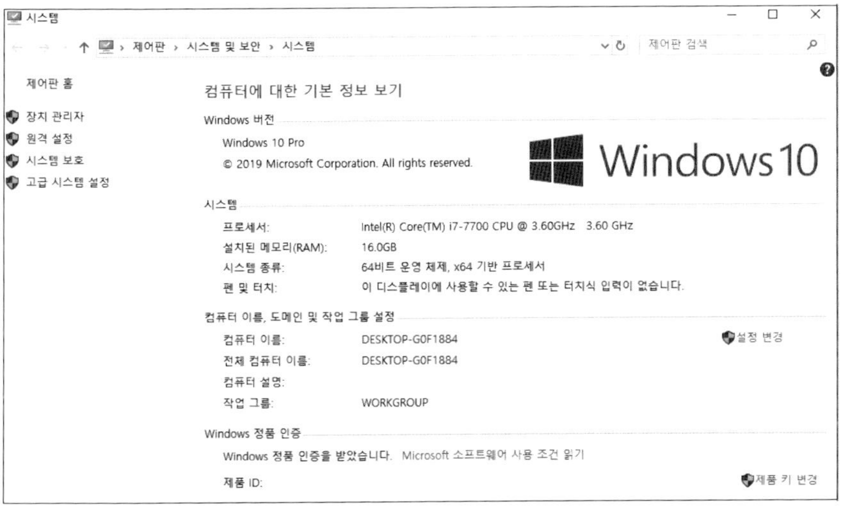

컴퓨터에 대한 기본 정보에는 운영체제 버전 정보가 있으며, 시스템 정보, 컴퓨터 이름 정보 등이 있다. 운영체제 정보는 Windows 10 Pro이며, CPU는 인텔 i7 계열의 프로세서이며 설치된 메모리의 크기는 16GB이다. i7 7770은 7세대 인텔 코어 프로세서를 나타내며 코어가 4개이며 스레드가 8개이다. 시

스템 종류로는 64비트 아키텍처에 64비트 운영체제를 사용한다. 컴퓨터 이름과 작업 그룹에 대한 정보도 표시된다.

4) 단축키를 이용한 빠른 실행

윈도우의 단축키를 익히면 마우스를 통해 수행하는 몇 단계 작업을 키보드를 통해 빠르게 수행할 수 있어서 컴퓨터 작업의 속도를 빠르게 할 수 있다. 다음은 윈도우 로고키를 이용한 단축키 중에서 많이 사용되는 기능을 정리한 것이다.

표 4-6 윈도우 로고키를 이용한 단축키

단축키	설명
윈도우 로고키+L	화면 잠그기
윈도우 로고키+R	실행 창 띄우기
윈도우 로고키+I	설정 창 띄우기
윈도우 로고키+S	검색 창 띄우기
윈도우 로고키+E	탐색기 창 띄우기
윈도우 로고키+M	활성 창들을 모두 최소화하기
윈도우 로고키+T	작업표시줄에 있는 프로그램들을 차례대로 선택하기
윈도우 로고키++키/–키/esc키	돋보기를 실행하여 확대하기/축소하기/취소하기
윈도우 로고키+Pause/Break	시스템 창 띄우기

다음은 Ctrl 키와 Alt 키를 이용한 단축키를 정리한 것이다. Ctrl+C와 Ctrl+V는 파일이나 선택된 문장 또는 이미지를 복사할 때 자주 사용되는 단축키이다. Ctrl+A는 문장이나 이미지를 전체 선택하거나 폴더에 있는 파일들을 전체 선택하는 단축키이다. Ctrl+Z는 실행된 내용을 취소하는 단축키이다. 키워드를 검색할 때 사용되는 단축키는 Ctrl+F이다. 실행 중인 창을 닫거나 전환할 때 사용되는 단축키는 각각 Alt+F4와 Alt+Tab이다.

표 4-7 Ctrl과 Alt키를 이용한 단축키

단축키 조합	설명
Ctrl+A	전체 선택하기
Ctrl+C	복사하기
Ctrl+V	붙여넣기
Ctrl+Z	취소하기
Ctrl+Esc	시작 메뉴 표시하기
Ctrl+F	해당 창에서 키워드 검색하기
Alt+Tab	현재 실행중인 창들을 순서대로 전환할 수 있도록 순서대로 보여주기
Alt+F4	실행중인 창을 닫기
Alt+Esc	현재 실행중인 창들을 순서대로 전환하기
Alt+Enter	선택한 항목의 속성 대화상자 띄우기
Alt+PrintScreen	현재 실행중인 창 화면을 클립보드에 복사하기

다음은 기능키 또는 다양한 단축키들의 조합을 정리한 것이다.

표 4-8 기능키와 다양한 단축키의 조합

기능키/단축키 조합	설명
F2	폴더나 파일의 이름을 변경하기
F5	최신 정보로 보여주기
Shift+Delete	Delete 키는 폴더나 파일을 휴지통으로 보내는 삭제이지만, Shift+Delete는 휴지통을 거치지 않고 삭제하기
Shift+F10	바로가기 메뉴를 띄우기
Shift+Tab	탭 기능을 반대방향으로 수행하기
Ctrl+Shift+Esc	작업관리자 창을 띄우기

윈도우 로고키+R을 입력하거나 윈도우 시작버튼의 마우스 우측 바로가기 메뉴에서 실행을 누르면 실행 창이 열리고 프로그램명을 입력하면 바로 프로그램을 실행할 수 있다. 다음 그림은 실행 창을 띄운 후 메모장을 실행하기 위해 notepad를 입력한 화면이다.

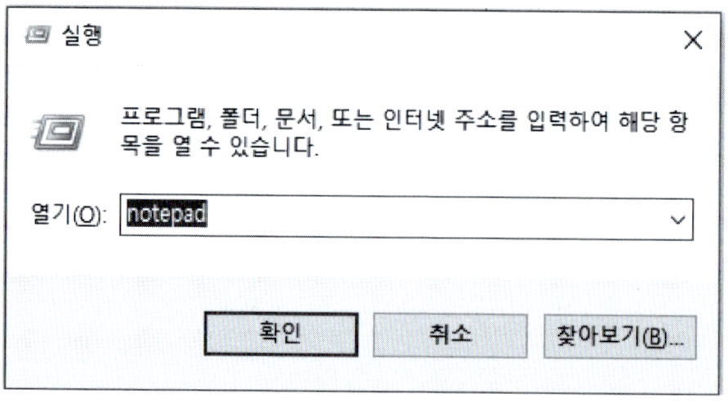

다음은 실행 창에서 바로 실행시킬 수 있는 명령어들의 목록이다. 실행 파일이 있는 폴더가 환경변수 path에 설정되어 있다면, excel이나 powerpnt 등의 프로그램도 이러한 방식으로 실행 가능하고, hwp, iexplorer(인터넷 익스플로러) 등도 실행 창에서 실행시킬 수 있다.

표 4-9 실행 창에서 실행시킬 수 있는 명령어

프로그램 명령어	설명
notepad	메모장 띄우기
wordpad	워드패드 띄우기
calc	계산기 띄우기
cmd	도스창 띄우기
control	제어판 띄우기
taskmgr	작업관리자 띄우기
msconfig	윈도우 부팅 과정과 관련된 설정하는 msconfig 프로그램 띄우기
mspaint	그림판 띄우기

5) 소프트웨어의 유형

응용 소프트웨어는 사용자가 컴퓨터를 이용하여 시스템 운영과 무관한 특정 용도로 사용하는 소프트웨어이다. 사용 용도에 따라 워드프로세서, 스프레드시트, 프레젠테이션, 게임 소프트웨어, 유틸리티 프로그램, 그래픽 프로그램, 웹 브라우저, 웹 에디터 등으로 구분될 수 있다. 워드프로세서는 문서를

편집, 저장, 인쇄할 수 있는 프로그램이며, 스프레드시트는 표 형식으로 데이터를 편집, 계산하고 결과를 차트로 표현할 수 있는 프로그램이다. 프레젠테이션은 회의, 상담, 교육 등에서 정보를 전달하는 데 활용되는 프로그램이다. 유틸리티 프로그램은 파일 압축 유틸리티, 바이러스 백신 유틸리티, 화면 캡처 유틸리티, 이미지 뷰어 유틸리티 등이 있다.

구매형태에 따라 상용 소프트웨어, 주문형 소프트웨어, 셰어웨어, 프리웨어, 오픈소스 소프트웨어 등으로 구분될 수 있다. 윈도우 10 운영제체나 흔글 등은 상용 소프트웨어이며, Linux는 오픈소스 소프트웨어이다. 주문형 소프트웨어는 주로 업무관리 소프트웨어에 해당된다. 프리웨어는 개인과 기업에 따라 무료 또는 유료가 될 수 있는 소프트웨어이다.

표 4-10 소프트웨어 유형

소프트웨어 유형	설명
상용 소프트웨어	판매용 소프트웨어로 사용하려면 비용을 지불해야 하는 소프트웨어
주문형 소프트웨어	개인이나 집단이 특정한 목정을 달성하기 위해 주문하여 만들어진 소프트웨어
셰어웨어	시험 사용 기간을 가진 정품 구매를 유도하는 소프트웨어
프리웨어	라이선스 요금 없이 무료로 배포되는 소프트웨어
오픈소스 소프트웨어	소스코드가 공개된 소프트웨어로 수정하고 재배포 가능한 소프트웨어
애드웨어	광고용으로 제작되는 소프트웨어로 무료로 사용가능한 소프트웨어

3 정보 처리와 데이터 관리

1) 정보 처리 과정

정보를 처리하는 과정은 데이터를 가공하여 활용가능하고 유용한 정보로 만드는 과정이다. 정보는 일정한 절차에 따라 수집되고 저장되고 활용된다. 일반적으로 정보는 기획, 수집, 관리, 활용의 절차에 따라 처리된다.

기획 → 데이터 수집 → 데이터 관리 → 데이터 활용

기획은 정보활동의 첫 단계로서 정보를 통해 달성하고자 하는 목표를 설정하고, 목표를 이루기 위한 계획을 세우는 단계이다. 이 단계를 통해 수집할 데이터들의 유형과 방법과 데이터 관리 방법 및 활용 방법에 대한 전체적인 계획을 수립한다.

데이터 수집은 목표를 달성하기 위해 필요한 데이터를 다양한 정보원으로부터 모으는 것이다. 빅데이터 기술이 도입되기 이전에는 수집 방법과 수집 데이터 양의 한계가 있었지만, 현재는 규정된 테이블에 입력 가능한 정형 데이터뿐만 아니라 멀티미디어와 SNS 정보 등의 반정형 및 비정형 데이터도 수집한다. 빅데이터 이전에는 데이터를 수집하는 목적이 주로 의사결정을 지원하기 위한 것이었지만, 빅데이터 기술이 도입된 이후에는 의사결정뿐만 아니라 수많은 데이터로부터 미래를 예측하는 것에 이르고 있다.

데이터의 관리는 수집된 데이터를 체계적으로 관리하고 정리하는 것이다. 수집된 데이터를 스프레드시트나 데이터베이스를 이용하여 체계적으로 저장하고, 저장된 데이터는 다양한 형태의 정보로 쉽게 변환할 수 있도록 해야 한다. 수집되고 관리되는 데이터는 다양한 분석 기법을 적용하여 새로운 정보를 생성할 수 있다.

데이터의 활용은 수집되고 관리되는 데이터를 이용하여 데이터를 분석하여 아직까지 알려져 있지 않은 정보를 찾아내거나 해결해야 할 문제를 해결하는 것이다. 데이터 활용을 위해서 통계 기법 및 데이터 마이닝과 딥러닝 기법 등 다양한 데이터 분석 기법들이 적용되고 있다. 데이터 활용을 잘하기 위해서는 다양한 분석 기법들을 배워야 하며, 상황이나 목적에 따라 적합한 기법을 적용해야 한다.

2) 엑셀 기본 서식

엑셀로 데이터를 관리하기 위해서는 정확하게 데이터를 입력하는 것이 중요하며 엑셀의 입력과 관련된 셀과 서식에 대해 알아야 한다. 셀 서식과 조건부 서식 및 수식은 셀에 입력된 데이터를 편집하는 기술이다. 셀 편집은 셀의 삽입과 삭제, 셀 병합, 선택하여 붙여넣기 등이 있다.

셀 서식은 입력된 데이터를 서식에 맞게 서식이 적용되는 기능이다. 조건부 서식은 조건에 맞는 셀들에게만 셀 서식이 적용되는 기능이다. 수식은 셀에 입력된 데이터를 이용하여 연산자와 셀 참조 및 함수를 적용하여 작성하는 식을 의미한다.

셀 서식은 입력된 데이터에 표시 형식, 맞춤, 글꼴, 테두리, 채우기, 보호를 적용하여 편집하는 기능이다. 엑셀에서 셀 서식을 지정하는 것은 셀 서식 대화상자에서 적용할 수 있다. 셀 서식 대화상자를 띄우는 방법은 다음과 같다.

- 바로가기 메뉴에서 셀 서식 선택
- Ctrl+1을 누름

셀 서식의 표시 형식 탭에는 일반, 숫자, 통화, 회계, 날짜, 시간 등이 있다. 일반 표시 형식은 특별한 서식이 없는 경우로 문자는 왼쪽, 숫자는 오른쪽에 표시한다. 숫자 표시 형식은 숫자를 나타내는 표시 형식을 지정할 수 있으며, 통화는 돈의 액수를 나타내는 형식을 지정할 수 있다. 회계, 날짜, 시간 등도 회계, 날짜, 시간 등의 표시 형식을 지정할 수 있다.

셀 서식의 맞춤 탭에는 다음과 같은 텍스트 맞춤과 텍스트 조정 등을 지정할 수 있다. 가로와 세로는 텍스트 맞춤을 지정하고 텍스트 줄 바꿈, 셀에 맞춤, 셀 병합은 텍스트 조정을 지정하는 것이다.

표 4-11 셀 서식의 맞춤 서식

맞춤 서식	설명
가로	가로 맞춤을 지정하며, 왼쪽, 오른쪽, 가운데, 양쪽맞춤, 균등분할 등으로 정렬
세로	세로 맞춤을 지정하며, 위쪽, 가운데, 아래쪽, 양쪽맞춤, 균등분할 등으로 정렬
텍스트 줄 바꿈	데이터의 길이가 셀의 너비보다 클 경우 셀의 너비에 맞춰서 줄을 나누어 여러 줄로 표시
셀에 맞춤	데이터의 길이가 셀의 너비보다 클 경우 셀의 너비에 맞춰서 글자 크기를 줄여서 표시
셀 병합	여러 개의 셀을 하나의 셀로 합쳐서 표시

다음 그림은 셀 서식 대화상자에서 맞춤 탭에 있는 텍스트 맞춤 그룹에 가로 메뉴에 있는 옵션들을 선택한 결과와 텍스트 조정 그룹에 있는 텍스트 줄 바꿈과 셀에 맞춤 체크박스를 선택한 결과를 보여주고 있다. 텍스트 줄 바꿈은 열의 너비가 텍스트보다 작을 경우 줄을 바꿔서 텍스트를 표시하는 것을 보여주고 있으며, 셀에 맞춤은 텍스트의 글자 크기를 너비에 맞춰서 작게 조정하여 표시하는 것을 보여주고 있다.

3) 엑셀 사용자 지정 서식과 조건부 서식

사용자 지정 서식은 엑셀에서 기본적으로 제공하는 표시 형식 외에 사용자가 원하는 형태로 표시하는 서식이다. 사용자 지정 서식은 양수, 음수, 0, 텍스트 순으로 지정하며 각 영역은 세미콜론(;)으로 구분한다.

사용자 지정 서식 형식	양의서식;음의서식;0의서식;텍스트서식

사용자 지정 표시 형식을 서식을 지정하려면 사용자 지정 표시 형식에 사용되는 서식 코드를 알아야 한다. 사용자 지정 표시 형식에 사용되는 서식 코드에 대한 간략한 설명은 다음과 같다.

표 4-12 서식 코드

코드	기능
#	유효한 값만 표시, 유효하지 않은 0은 표시하지 않음
0	모든 숫자를 자릿수에 맞게 표시, 0이라도 0의 개수에 맞게 0을 표시
?	0대신 공백을 넣어 자릿수에 맞게 표시
[ ]	특정 조건에 맞는 데이터에만 색깔을 적용
@	문자데이터를 표시
*	* 뒤에 나오는 한 개의 문자를 셀의 너비만큼 반복해서 채워서 표시
_	공백을 표시, 마지막에 공백을 지정할 때는 _뒤에 주로 -를 추가로 표시

다음 그림은 사용자 지정 표시 형식을 10000, -10000, 0에 적용한 결과이다. 2행에서 서식 코드 0이 없으면 값이 0일 경우 표시되지 않는 것을 알 수 있다. 5행에서처럼 음의서식에 [빨강]이 들어있으면 음수인 경우 빨강색으로 표시된다.

	A	B	C	D
1	사용자 지정 표시 서식	10000	-10000	0
2	#,##	10,000	-10,000	
3	#,##0	10,000	-10,000	0
4	#,##0"원"	10,000원	-10,000원	0원
5	#,##0;[빨강]#,##0	10,000	10,000	0
6	##*~	10,000~~~	-10,000~~	0~~~~~~
7	#,##0"원"_-	10,000원	-10,000원	0원
8	0?,???	10,000	-10,000	0

날짜와 시간에도 사용자 지정 표시 형식을 지정할 수 있다. 이 경우에는 서

식코드 y, m, d가 사용되며 각각 년, 월, 일을 의미하며, h, m, s는 각각 시, 분, 초를 의미한다. 요일에 사용되는 서식 코드는 ddd와 dddd이며, 각각 요일을 영문자 세 글자와 전체 단어로 표시하는 것을 의미한다.

조건부 서식 기능은 조건을 만족하는 셀에만 서식이 적용되는 기능이다. 설정된 조건은 해당 셀이나 다른 셀 값을 이용하여 지정할 수 있다. 조건이 걸려 있는 셀의 값이 변경될 경우 셀의 서식은 조건에 따라 재적용된다. 조건부 서식을 설정하는 규칙에는 다음과 같은 규칙들이 있다.

표 4-13 조건부 서식 규칙

조건부 서식 규칙	설명
셀 강조 규칙	셀의 값에 따라 서식을 적용
상위/하위 규칙	선택한 범위 내에서 상위 또는 하위 %에 따라 서식을 지정
데이터 막대	셀의 값에 따라 막대의 길이가 결정되어 표시
색조	셀의 값에 따라 진한 색상으로 표시
아이콘 집합	셀의 값에 따라 다양한 도형으로 표시

다음 그림은 2행부터 6행까지 있는 숫자 데이터에 대한 조건부 서식을 적용한 결과를 보여준다. 셀 강조는 80점 이상인 경우 굵은 기울임꼴을 지정하였고, 상위/하위 규칙에는 상위 20% 이상에는 굵은 기울임꼴, 하위 20%에는 기울임꼴을 지정하였다. 데이터 막대는 그라데이션 채우기를 지정하였고, 아이콘 집합은 방향 아이콘 중에서 삼각형이 있는 아이콘을 지정하였다.

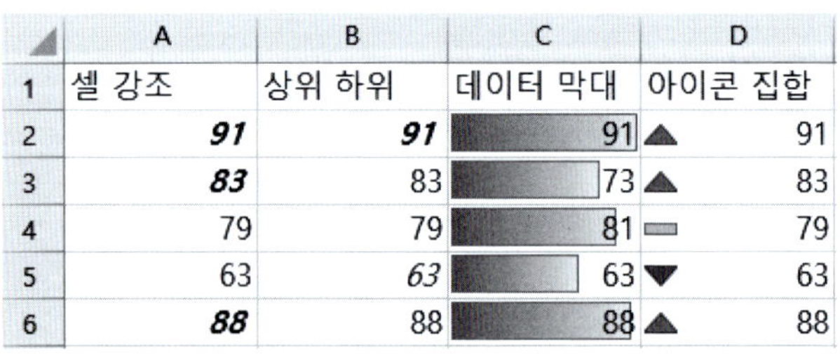

	A	B	C	D
1	셀 강조	상위 하위	데이터 막대	아이콘 집합
2	***91***	***91***	91	▲ 91
3	***83***	83	73	▲ 83
4	79	79	81	▬ 79
5	63	*63*	63	▼ 63
6	***88***	88	88	▲ 88

4) 엑셀 수식과 셀 참조 방식

엑셀의 가장 큰 장점은 셀에 있는 데이터를 이용하여 계산을 수행할 수 있는 것이며, 이를 위해서는 수식을 작성해야 한다. 수식을 작성하기 위해서는 수식의 구조, 연산자, 참조 방식 등을 배워야 한다. 수식은 수식 입력줄에 입력하며, 수식의 결과는 해당 셀에 표시된다. 수식의 구조는 =로 시작되며 숫자, 참조, 연산자, 함수 등으로 구성된다. 수식을 작성할 때 다른 셀의 숫자를 사용할 경우 셀 참조 방식으로 작성한다. 셀 참조 방식으로 작성된 수식은 참조된 셀의 값이 변경되면 재계산된다. 수식 편집을 하려면 수식 입력줄로 가야하지만 F2를 누르면 해당 셀을 편집할 수 있는 모드가 되어 수식을 해당 셀에서 직접 편집할 수 있다.

엑셀에서 사용되는 연산자에는 산술 연산자 이외에 참조 연산자, 비교 연산자 등이 있다. 이러한 연산자에는 우선순위가 있으며, 우선순위보다 우선 적용하려면 괄호( )를 사용해야 한다.

표 4-14 연산자와 우선순위

우선순위	연산자	기능	사례
1	:	연속적인 셀의 범위를 지정	A1:A20
2	,	비연속적인 셀의 범위를 지정	A1:A3, A5
3	공백	두 개의 참조에서 교차되는 범위를 지정	A1:B5 B4:C6
4	%	백분율	=1/3%
5	+, −	부호 연산자로 부호를 + 또는 −로 변경	=−3
6	^	거듭제곱	=2^4
7	*, /	곱하기, 나누기	=2*4
8	+, −	더하기, 빼기	=2+4
9	&	문자열을 연결하여 하나의 문자열로 변경	=‘3&“위”
10	=,〈〉	같은지, 다른지를 비교하는 연산자	=7=7
	〉, 〉=	큰지, 크거나 같은지를 비교하는 연산자	=7〉6
	〈, 〈=	작은지, 작거나 같은지를 비교하는 연산자	=7〈=6

다음은 다양하게 작성된 수식 사례와 결과를 보여준다.

수식 사례	결과
=1/3%	33.333333
=-3	-3
=2^4	16
=2*4	8
=2+4	6
=3&"위"	3위
=7=7	TRUE
=7〉6	TRUE
=7〈=6	FALSE
=2+3*4^5	3074
=3*5^2+16〈=100	TRUE

오류 메시지는 입력한 수식에 오류가 있는 경우에 나타나며, 오류 메시지를 통해 오류 원인을 찾아내서 해결할 수 있다. 다음은 오류 메시지 중에서 대표적인 오류 메시지와 오류 원인 및 해결 방법을 간략히 보여준다.

표 4-15 오류 메시지와 오류 해결 방법

오류	오류 원인	오류 해결 방법
######	셀 너비보다 긴 수이거나 날짜 또는 시간	셀 너비를 넓히기
#DIV/0!	나눈 수가 0이거나 빈 셀인 경우	0이나 빈 셀로 나누지 않기
#N/A	수식에 참조된 항목이 없는 경우 함수에서 필요한 인자가 없는 경우	참조된 값을 정확히 확인하기 함수 사용법을 확인하기
#NAME?	함수 또는 이름을 잘못 입력한 경우	이름을 정확히 확인하기
#REF!	셀 참조가 유효하지 않은 경우	참조된 영역을 정확히 확인하기

셀 참조는 수식에서 사용하기 위해 지정하는 셀이나 셀 범위에 대한 위치를 의미한다. 수식 작성 시의 셀 참조 방식이란 수식을 작성할 때 숫자보다는 숫자가 저장된 셀을 참조하여 수식을 작성하는 방식이다. 수식에서 참조된 원래 셀의 값이 변경되면 참조하는 셀의 값도 재계산된다. 예를 들면, A1 셀의 값

이 2이고 A2 셀의 값이 3일 때, A3을 수식 =2+3 대신에 =A1+A2로 작성하는 방식이다. A3의 값이 현 상태에서는 두 수식 모두 5로 동일하지만, A1의 값이 4로 변경될 경우 셀 참조 방식으로 작성된 A3은 7로 변경된다. 다음은 참조 연산자 사례들을 보여준다.

참조 사례	설명
B2	2행 B열
B2:B10	B2 셀에서 B10 셀까지 9개의 셀
2:2	2행 전체 셀
B:B	B열 전체 셀
A1:C3	A1 셀에서 C3 셀까지 사각형 위에 있는 모든 셀로 9개의 셀
A1:A3,B1:B3,C1:C3	A1:C3과 같은 의미
A1:B7 B4:C6	앞의 범위와 뒤의 범위가 겹치는 B4:B6을 의미

참조의 유형으로는 상대 참조, 절대 참조, 혼합 참조 방식이 있다. 이러한 참조의 유형은 채우기를 수행할 경우 또는 수식을 복사할 때 참조되는 셀 주소가 다르게 나타난다. F4를 누를 때마다 참조 유형이 상대 참조에서 절대 참조, 절대 참조에서 행 고정 혼합 참조, 행 고정 혼합 참조에서 열 고정 혼합 참조로 변경되며. 다시 열 고정 혼합 참조에서 상대 참조로 변경된다. 다른 워크시트에 있는 셀도 참조할 수 있다. 참조하는 방식은 워크시트명과 참조를 ! 로 구분한다. 예를 들어, sheet2!B2는 sheet2 워크시트에 B2 셀을 의미한다.

표 4-16 셀 참조의 유형

참조 유형	설명	사례
상대 참조	- 기본적으로 지정되는 방식 - 셀 주소를 기준으로 부여되기 때문에 자동 채우기를 수행할 경우 참조되는 셀 주소도 변경	B2
절대 참조	- 참조하는 셀의 위치에 상관없이 고정된 셀 참조	$B$2
혼합 참조	- 상대 참조와 절대 참조를 혼합하여 사용되는 셀 참조 - 열 고정 혼합 참조와 행 고정 혼합 참조	$B2, B$2

6) 엑셀 채우기 기능과 이름 부여

엑셀의 채우기 기능은 입력하고 싶은 값들을 효율적이고 빠르게 입력할 수 있는 기능이다. 채우기 기능은 셀을 선택하면 셀의 우측 하단에 나타나는 채우기 핸들을 이용한다. 채우기 핸들을 선택하여 가로나 세로로 원하는 범위만큼 확장하면 확장된 범위에 있는 셀에는 정해진 규칙에 따라 입력하고 싶은 값들로 채워진다.

다음은 C2, D2, E2 셀에 각각 C1, D1, E1에 있는 참조 방식을 작성한 후에, C2, D2, E2를 선택한 후에 E2에 있는 채우기 핸들을 E4까지 늘리는 채우기를 적용하여 4행까지 채우기를 수행한 경우이다. F2:F4까지는 E2:E4를 선택한 후, E4에 있는 채우기 핸들을 F4까지 늘리는 채우기 방식으로 오른쪽으로 늘려서 채우기를 수행한 결과이다. C3 셀은 =A3+B3이 되며, D3 셀은 =$A$2+$B$2가 되어 7이 채워진다. E3 셀은 =A$2+$B3이 되어 53이 채워지며, F3 셀은 =B$2+$B3이 되어 54가 채워진다.

	A	B	C	D	E	F
1			상대참조(=A2+B2)	절대참조(=$A$2+$B$2)	혼합참조(=A$2+$B2)	혼합참조(=A$2+$B2)
2	3	4	7	7	7	8
3	20	50	70	7	53	54
4	100	400	500	7	403	404

자주 사용되는 셀이나 셀 범위에 이름을 부여하면 수식 작성 시에 셀이나 셀 범위를 지정하는 대신에 이름을 사용할 수 있다. 엑셀에서 이름을 정의하는 방법은 이름을 설정할 셀이나 셀 범위를 지정한 후 다음과 같은 방법으로 만들 수 있다.

- 이름상자에 이름 정의하기
- [수식] 메뉴-[정의된 이름] 탭-[선택영역에서 만들기] 클릭하여 만들기
- [수식] 메뉴-[정의된 이름] 탭-[이름 정의] 클릭하여 만들기

다음 그림은 C1:E11의 범위를 지정한 후 선택영역에서 이름 만들기를 실행하여 첫 행을 이름 만들기를 수행하였다. 이 과정을 통해 정보능력 이름은 C2:C11까지의 영역의 이름이며, 어학은 D2:D11 영역, 총점은 E2:E11 영역의 이름이다. 총점을 구할 때 =C2+D2 수식을 사용해도 되지만, =정보능력+어학 수식을 사용해도 된다. 또한, 정보능력 합계를 구할 때 =SUM(C2:C11) 수식을 사용해도 되지만, =SUM(정보능력) 수식을 사용해도 된다.

	A	B	C	D	E
1	번호	이름	정보능력	어학	총점
2	1	강민준	88	89	177
3	2	김서연	77	87	164
4	3	김지후	92	82	174
5	4	박민서	98	96	194
6	5	민준서	78	87	165
7	6	서현우	67	91	158
8	7	신예준	95	79	174
9	8	이지우	83	67	150
10	9	장현준	90	75	165
11	10	홍지민	81	88	169
12	합계		849	841	1690

7) 엑셀에서 사용되는 다양한 함수

데이터를 분석하기 위해서는 엑셀에서 제공하는 다양한 함수를 활용할 수 있어야 한다. 함수는 복잡한 수식이나 번거로운 수식을 쉽게 사용할 수 있도록 미리 프로그램하여 내장한 기능이다. 함수를 배운다는 것은 엑셀에서 제공하는 수많은 함수 중에서 목적이나 응용에 맞는 함수를 선택할 수 있고, 선택된 함수를 다양한 환경에 적용할 수 있도록 학습하는 것이다. 함수의 형식은 다음과 같다.

함수의 형식	= 함수이름(인수1, 인수2, ...)

인수는 함수의 계산에 입력해야 할 값들을 의미하며, 인수는 함수마다 개수

와 형식이 다르다. 인수가 없는 함수도 있으며, 인수의 개수가 고정되지 않은 함수도 있다. 인수에는 숫자, 셀주소, 셀범위, 함수 등이 사용될 수 있다. 다음은 대표적인 집계 및 통계함수들을 간략히 설명한 것이다.

표 4-17 엑셀에서 사용되는 집계 및 통계함수

집계 및 통계함수	설명
average(인수1, 인수2, ...)	인수들의 평균값
var(인수1, 인수2, ...)	인수들의 분산
stdev(인수1, 인수2, ...)	인수들의 표준 편차
median(인수1, 인수2, ...)	인수들의 중간 값
mode(인수1, 인수2, ...)	인수들의 빈도가 가장 많은 값
max(인수1, 인수2, ...)	인수들 중 가장 큰 값
min(인수1, 인수2, ...)	인수들 중 가장 작은 값
count(인수1, 인수2, ...)	인수들 중 숫자가 들어있는 셀의 개수
countif(범위, 조건)	지정된 범위에서 조건에 맞는 셀의 개수
large(범위, n번째)	범위 중 n번째 큰 수
small(범위, n번째)	범위 중 n번째 작은 수
rank(인수, 범위, 순서지정)	범위에서 인수의 순위. 순서지정의 값이 0이면 내림차순이며 아니면 오름차순

다음은 앞 예제에서 정보능력 이름으로 지정한 워크시트에서 함수식을 적용한 결과이다. 평균값, 분산, 표준 편차, 중간값, 최대값, 셀의 개수 등을 보여주고 있다. countif 수식의 두 번째 인자는 조건식으로 80점 이상인 경우에만 개수에 포함되는 함수식이다. large 함수식은 정보능력 숫자 중에 세 번째 큰 숫자를 찾는 결과이고, rank 함수식은 첫 번째 인자인 C4가 두 번째 인자인 정보능력에서 세 번째 인자인 내림차순으로 몇 번째 순위인가를 찾는 결과이다.

함수식	결과
=average(정보능력)	84.9
=var(정보능력)	89.87778
=stdev(정보능력)	9.480389
=median(정보능력)	85.5
=max(정보능력)	98
=count(정보능력)	10
=countif(정보능력, ">=80")	7
=large(정보능력, 3)	92
=rank(C4, 정보능력, 0)	3

다음은 대표적인 수학함수를 간략히 설명한 것이다.

표 4-18 엑셀에서 사용되는 수학함수

수학함수	설명
sum(인수1, 인수2, ...)	인수들의 합
sumif(조건범위, 조건, 합계범위)	조건에 맞는 셀들의 합
round(인수, 반올림자릿수)	반올림자릿수를 기준으로 반올림한 값
int(인수)	인수값보다 작거나 같은 정수로 변환
abs(인수)	인수의 절대값
rand( )	0과 1 사이의 임의의 실수 값
randbetween(인수1, 인수2)	인수1과 인수2 사이의 임의의 정수 값
mod(인수1, 인수2)	인수1을 인수2로 나누었을 때의 나머지 값
quotient(인수1, 인수2)	인수1을 인수2로 나누었을 때의 몫
sqrt(인수)	인수의 제곱근
power(인수, 제곱값)	인수의 거듭제곱값

다음은 수학함수식에 대한 결과를 보여준다. round 함수의 두 번째 인자는 반올림 기준점으로 1로 설정하면 소수점 첫 번째까지 표시되며 소수점 두 번째에서 반올림이 일어난다. 따라서 4.56의 두 번째 소수점에서 반올림이 일어나서 4.6이 된다. int 함수는 인수의 값보다 크지 않는 정수값을 결과로 보여주고 있다. rand 함수는 0에서 1까지 임의의 실수값을 가져오며, randbetween(1,23)은 1에서 23까지의 숫자 중에 임의의 숫자가 선택된다. rand와 randbetween은 다른 수식이 변경될 때마다 재계산하여 새로운 값으로 저장된다.

power(2,4) 함수는 2의 4승으로 16을 보여주고 있다.

함수식	결과
=sum(정보능력)	849
=round(4.56, 1)	4.6
=int(-2.34)	-3
=abs(-2.34)	2.34
=rand()	0.051273
=randbetween(1,23)	3
=mod(23,4)	3
=sqrt(25)	5
=power(2,4)	16

다음은 논리함수들을 간략히 설명한 것이다. 논리함수는 논리식에서 사용된다. if 함수는 한 개의 조건식만 가능하여 여러 조건식이 필요한 경우에는 and 함수와 or 함수를 이용하여 논리곱, 논리합의 조합으로 복합 논리식을 만들어야 한다.

표 4-19 엑셀에서 사용되는 논리함수

함수	설명
if(조건, 인수1, 인수2)	조건이 참이면 인수1, 거짓이면 인수2의 값
iferror(인수1, 인수2)	인수1이 오류가 아니면 인수1, 아니면 인수2의 값
not(인수)	인수값이 참이면 거짓, 인수값이 거짓이면 참
and(인수1, 인수2, ...)	인수들의 값이 모두 참이면 참, 아니면 거짓
or(인수1, 인수2, ...)	인수들의 값 중에서 하나라도 참이면 참, 아니면 거짓

다음은 논리함수의 사례를 보여준다. AND 함수나 OR 함수를 if 조건식에 사용할 경우 복합 논리식을 구성할 수 있다.

논리함수 사례	논리함수식
총점이 170 이상이면 합격 아니면 불합격	=if(총점>=170, "합격", "불합격")
정보능력과 어학이 모두 80 이상이면 참	=AND(정보능력>=80, 어학>=80)
정보능력이나 어학이 90 이상이면 참	=OR(정보능력>=90, 어학>=90)

다음은 찾기/참조 함수를 간략히 설명한 것이다. vlookup과 hlookup의 옵션값이 FALSE이면 정확히 일치하는 값을 찾아야 하며, TRUE인 경우 기준값보다 크지 않는 범위 내에서 가장 큰 값을 찾는다. TRUE 경우에는 해당 범위가 반드시 오름차순으로 정렬되어 있어야 한다.

표 4-20 엑셀에서 사용되는 찾기/참조 함수

함수	설명
lookup(기준값, 범위)	첫 번째 행(또는 열)에서 지정된 값을 찾아서 마지막 행(또는 열)에서 같은 열(또는 행)에 있는 값
lookup(기준값, 찾는 범위, 결과범위)	찾는 범위에서 기준값을 찾아서 결과범위의 값
vlookup(기준값, 범위, 열 번호, 옵션)	범위의 첫 번째 열에서 기준값을 찾아 같은 행에 있는 지정된 열 번호에 있는 값
hlookup(기준값, 범위, 행 번호, 옵션)	범위의 첫 번째 행에서 기준값을 찾아 같은 열에 있는 지정된 행 번호에 있는 값

다음은 이름지정 워크시트의 예제에서 사용한 찾기/참조 함수의 결과값이다. 첫 번째, 두 번째, 세 번째 함수식은 모두 번호에서 3.5보다 크지 않는 값 중에서 가장 큰 값인 3이 있는 행의 C열 또는 세 번째 열에 있는 값 92를 가져오고 있다. 네 번째 함수식은 C2:C11에서 67을 C7에서 찾은 후에 C7:E7에서 세 번째 열에 있는 E7에 있는 값 158을 가져온다. 다섯 번째 함수식은 C2:C11에서 가장 큰 값 98을 MAX 함수로 구하고 98과 같은 행에 세 번째 열에 있는 194를 찾아서 가져온다.

찾기/참조 함수 사례	결과
=LOOKUP(3.5, A2:C11)	92
=LOOKUP(3.5, A2:A11, C2:C11)	92
=VLOOKUP(3.5, A2:C11,3)	92
=VLOOKUP(67, C2:E11, 3, FALSE)	158
=VLOOKUP(MAX(C2:C11), C2:E11, 3, FALSE)	194

4 인터넷 서비스 활용하기

1) 정보 검색

정보화 사회에서 필수적으로 해야 할 일은 정보 검색이다. 정보 검색은 내가 원하는 정보를 인터넷에서 찾는 것이다. 인터넷은 전 세계 네트워크를 연결해놓은 네트워크의 네트워크로 수많은 사이트로 구성되어 있다. 그 많은 사이트에서 원하는 정보를 찾기 위해서는 검색 엔진(search engine)을 이용해야 한다. 검색엔진이란 인터넷상에 산재해 있는 정보를 수집한 후, 이를 체계적으로 데이터베이스로 구축하여 사용자가 원하는 정보를 쉽게 찾을 수 있도록 안내자 역할을 하는 웹 사이트 또는 프로그램을 뜻한다.

검색엔진의 유형에는 키워드 검색 방식, 주제별 검색 방식, 자연어 검색 방식, 통합형 검색 방식이 있다. 키워드 검색 방식은 찾고자 하는 정보와 관련된 핵심적인 단어인 키워드를 직접 입력하여 이를 검색 엔진에 보내어 검색 엔진이 키워드와 관련된 정보를 찾는 방식이다. 주제별 검색 방식은 인터넷상에 존재하는 웹 문서들을 주제별, 계층별로 정리하여 데이터베이스를 구축한 후 정보를 체계적으로 찾는 방식이다. 자연어 검색 방식은 검색 엔진에서 문장 형태의 질의어를 형태소 분석을 거쳐 검색하는 방식이다. 언제(when), 어디서(where), 누가(who), 무엇을(what), 왜(why), 어떻게(how), 얼마나(how much)에 해당하는 5W 2H를 분석하여 각 질문에 답이 들어 있는 사이트를 연결해 준다. 통합형 검색 방식의 검색은 키워드 검색 방식과 매우 유사하나 자체 데이터베이스 구축 없이 사용자가 입력하는 검색어들을 연계된 다른 검색 엔진에게 보내고 이를 통하여 얻어진 검색 결과를 사용자에게 보여주는 방식을 사용한다.

2) 키워드 조합 검색

하나의 단어(키워드)로 검색을 하면 검색 결과가 너무 많아져서, 이용자가 원하는 정보와 상관없는 것들도 많이 포함된다. 따라서 검색과 관련 있는 2개 이상의 단어를 연산자로 조합하여 키워드로 사용해야만 원하는 정보를 더욱 정확하게 검색할 수 있다. 연산자는 대/소문자의 구분이 없으며, 앞뒤로 반드시 공백(space)을 넣어주어야 한다. 다음은 공통적으로 사용하는 연산자의 종류와 검색 조건을 설명한 것이다.

기호	연산자	검색 조건
*, &	AND	두 단어가 모두 포함된 문서를 검색 예) 인공위성 and 자동차, 인공위성 * 자동차
I	OR	두 단어가 모두 포함되거나, 두 단어 중에서 하나만 포함된 문서를 검색 예) 인공위성 or 자동차, 인공위성 I 자동차
–, !	NOT	'–'기호나 '!'기호 다음에 오는 단어를 포함하지 않는 문서를 검색 예) 인공위성 not 자동차, 인공위성 ! 자동차
~, near	인접검색	앞/뒤의 단어가 가깝게 인접해 있는 문서를 검색 예) 인공위성 near 자동차

출처: 한국산업인력공단(2017). 직업기초능력프로그램 정보능력 학습자용 워크북. p. 66.

포털 사이트(Portal site)란 사용자가 인터넷에서 어떤 정보를 찾으려고 할 때 가장 먼저 접속하는 사이트를 뜻한다. 포털 사이트의 가장 대표적인 예로는 네이버, 다음, 구글 등과 같은 검색 사이트와 언론매체 뉴스 사이트를 들 수 있다. 대부분의 포털 사이트에서는 정보 검색뿐만 아니라 카페, 뉴스, 웹 메일, 블로그, 커뮤니티 형성 등 매우 다양한 인터넷 서비스를 제공하고 있다.

연습문제

1. 자신의 컴퓨터나 주위의 윈도우즈 컴퓨터에 대한 컴퓨터에 대한 기본 정보를 찾아서 다음 표를 완성하라.

항목	정보
Windows 버전	
프로세서	
설치된 메모리	
시스템 종류	
컴퓨터이름	
작업그룹	

2. 기능키나 Alt 또는 Ctrl를 이용하여 사용되는 바로가기 키를 조사하여 나열하고 설명하라.

번호	바로가기 키	설명
1		
2		
3		
4		
5		
6		
7		

3. 윈도우 로고키를 이용한 바로가기 키를 조사하여 나열하고 설명하라.

번호	바로가기 키	설명
1		
2		
3		
4		
5		

4. 다음 10진수들을 2진수와 16진수로 변환하라.

10진수	48	56	77	87
풀이과정				
2진수				
16진수				

5. 다음 소프트웨어 유형에 대하여 설명하라.

소프트웨어 유형	설명
상용 소프트웨어	
셰어웨어	
프리웨어	
애드웨어	
오픈소스 소프트웨어	

6. 자신이 사용하는 소프트웨어에 대한 특징과 기능 등에 대해 조사하라.

소프트웨어	특징 및 기능

7. 엑셀을 이용하여 자료를 입력할 수 있는 유형을 나열하고 설명하라.

번호	입력 가능한 데이터 유형	설명
1		
2		
3		
4		
5		

8. 다음 셀 서식 표시 형식을 원본 데이터에 적용한 결과를 표현하라.

셀 서식	원본 데이터	서식이 적용된 표현
일반	300000	
통화	300000	
날짜	3/1	
시간	10:00	

9. 다음 사용자 지정 서식을 원본 데이터에 적용한 결과를 표현하라.

사용자 지정 서식	원본 데이터	서식이 적용된 표현
#,##	0	
#,##0	300000	
#,##0"원"	300000	
#,##0;[빨강]#,##0	-300000	
##*~	300000	
#,##0"원"_-	0	
0?,???	0	

10. 다음 원본 데이터를 조건부 서식을 적용한 결과를 표현하라.

원본 데이터	셀강조규칙(90점 넘으면 빨강색)	데이터 막대
91		
83		
79		
63		
88		

11. 다음 작성된 수식의 결과를 쓰고 설명하라.

수식	결과	설명
=-2		
=3*2^4		
=7〈6		
=1&"등"		
=7=5		
=4*4^2+16〈=80		

12. 다음 오류 메시지의 원인과 해결하는 방안을 설명하라.

오류	오류 원인	오류 해결 방법
######		
#DIV/0!		
#N/A		
#NAME?		
#REF!		

13. 다음 셀 참조에 대하여 설명하라.

셀 참조	설명
B5	
B5:B10	
A5:C9	
A1:A3,B1:B3,C1:C3	
A5:B7 B3:C6	
$B$5	
$B5	
B$5	

14. 엑셀의 셀들이 다음처럼 입력된 경우 아래 셀들을 채우기로 채울 때 결과를 작성하라.

1	1	1	2020-11-12	10:00	영업1팀
1	2	4			

15. 두 번째 행이 첫 번째 행의 괄호 안처럼 셀참조 방식으로 작성된 경우 채우기를 수행하였을 때 아래 셀들의 결과를 작성하라.

		상대참조(=A2+B2)	혼합참조(=A$2+$B2)	절대참조(=$A$2+$B$2)
3	5	8	8	8
6	8			
10	15			
20	32			

16. 다음 첫 번째 열이 정보능력이라는 이름으로 지정되었을 때 두 번째 열의 함수식의 결과를 세 번째 열에 작성하라.

정보능력	함수식	결과
81	=average(정보능력)	
72	=var(정보능력)	
94	=stdev(정보능력)	
89	=median(정보능력)	
88	=max(정보능력)	
97	=count(정보능력)	
65	=countif(정보능력, ">=80")	
83	=large(정보능력, 3)	
91	=rank(A3, 정보능력, 0)	
84	=mode(정보능력)	

17. 다음 첫 번째 열의 함수식의 결과를 두 번째 열에 작성하라.

함수식	결과
=round(4.567, 2)	
=int(-2.34)	
=abs(-2.34)	
=rand( )	
=randbetween(5, 15)	
=mod(23, 5)	
=sqrt(36)	
=power(4, 2)	

18. 논리함수를 이용한 다음 논리함수를 설명하라.

논리함수식	설명
=if(총점>=160, "합격", "불합격")	
=AND(정보능력>=90, 어학>=80)	
=OR(정보능력>=80, 어학>=90)	

19. 다음 찾기/참조 함수를 이름 지정 워크시트에 적용할 때 나타나는 결과와 이유를 설명하라.

찾기/참조 함수 사례	결과	설명
=LOOKUP(4.5, A2:D11)		
=LOOKUP(5.5, A2:A11, E2:E11)		
=VLOOKUP(6.5, A2:C11,2)		

20. 다음 각각의 검색 조건들을 설명하라.

<table>
<tr><th>검색 조건</th><th>설명</th></tr>
<tr><td>딥러닝 * 4차산업혁명</td><td></td></tr>
<tr><td>딥러닝 | 4차산업혁명</td><td></td></tr>
<tr><td>딥러닝 ! 4차산업혁명</td><td></td></tr>
<tr><td>딥러닝 near 4차산업혁명</td><td></td></tr>
</table>

CHAPTER

05 정보 분석과 프로그래밍

학습목표

정보를 수집하는 방법과 다양한 분석 기법을 습득하고 컴퓨터를 이용한 문제 해결 방법을 이해하고 활용할 수 있다.

1. 정보원의 의미와 정보를 수집하는 방법을 이해하고 활용할 수 있다.
2. 정보 분석의 의미와 과정을 이해하고 활용할 수 있다.
3. 엑셀을 이용하여 다양한 종류의 유형을 갖는 데이터를 가져와서 수집할 수 있다.
4. 수집된 정보에 다양한 정보 분석 기법을 적용하고 활용할 수 있다.
5. 데이터베이스의 개념을 이해하고 설명할 수 있다.
6. VBA 프로그램 코드를 이해하고 실행 결과를 예측하거나 설명할 수 있다.

1 정보 분석 및 가공

1) 문제 해결과 정보 수집

어떤 목적을 달성하기 위해서는 많은 문제들을 해결해야 한다. 문제 해결을 하려면 문제 해결과 관련된 많은 정보를 수집해야 하며 수집하는 작업은 체계적이고 효과적으로 해야 한다. 정보 수집을 무작위로 수행하면 데이터는 많아질 뿐, 문제 해결과 관련된 정보를 효과적으로 수집할 수 없다. 체계적이고 효과적인 정보 수집이 안 되면 제대로 된 문제 분석을 하지 못하고 문제를 해결하지 못할 수도 있다. 따라서 어떤 목적을 달성하기 위해서는 정보 수집을 체계적이고 효과적으로 해야 한다.

정보는 정보화 사회에서 필수불가결한 자원이다. 정보는 급속도로 발생되고 증가하고 있어서 모든 정보를 다 수집할 수 없다. 정보를 체계적이고 효과적으로 수집해야만 수집된 정보를 활용하여 목적을 달성할 수 있다.

정보를 체계적이고 효과적으로 수집하기 위해서는 우선 첫 번째로 목적을 명확히 해야 한다. 목적을 처음부터 명확히 할 수 없는 경우에는 정보를 수집하면서 목적을 명확히 해야 한다. 두 번째는 전체를 파악한 후에 세부적으로 수집한다. 처음부터 전체를 파악할 수 없을 경우에는 수집하면서 전체를 구성하며, 구성된 전체를 통해 세부적인 사항을 분류한다. 세 번째는 재해석되거나 파생된 정보보다는 정보원을 찾아서 원정보를 찾아야 한다. 원정보를 수집하는 것이 왜곡된 정보를 수집하는 것을 막을 수 있다. 네 번째는 정보를 다양한 관점에서 수집할 수 있어야 한다. 처음부터 다양한 관점을 가질 수 없을 경우에는 정보를 수집하면서 다양한 관점을 구성해 나가면서 정보를 수집해야 한다.

정보원(sources)은 필요한 정보를 수집할 수 있는 곳이나 정보를 생성하는 곳이다. 정보원은 정보를 수집하는 사람의 입장에서 볼 때 공개된 것은 물론이고 비공개된 것도 포함된다. 이러한 정보원은 크게 1차 자료와 2차 자료로 구분할 수 있다. 1차 자료는 원래의 연구 성과가 기록된 자료를 의미한다. 2차 자료는 1차 자료를 효과적으로 찾아보기 위한 자료 혹은 1차 자료에 포함되어 있는 정보를 압축·정리해서 읽기 쉬운 형태로 제공하는 자료를 의미한다. 다음은 1차 자료와 2차 자료의 사례를 보여준다.

자료 유형	사례
1차 자료	단행본, 학술지와 학술지 논문, 학술회의자료, 연구보고서, 학위논문, 특허정보, 표준 및 규격자료, 레터, 출판 전 배포자료, 신문, 잡지, 웹 정보자원 등
2차 자료	사전, 백과사전, 편람, 연감, 서지데이터베이스 등

출처: 한국산업인력공단(2017). 직업기초능력프로그램 정보능력 학습자용 워크북. p. 94.

2) 정보 분석

정보 분석이란 수집된 정보 또는 수집하고 있는 많은 정보를 대상으로 다양한 분석기법을 적용하여 새로운 사실 또는 정보를 만들어 가거나 불명확한 정보를 검증하는 과정이다. 이러한 과정을 통해 정보를 분석하여 새로운 사실을 알게 되거나, 정보가 부족하여 명확하지 않은 정보를 검증할 수 있다. 또한, 서로 상반되는 정보이거나 아무 의미 없는 정보들을 관련지어서 새로운 정보를 알아낼 수도 있다.

정보 분석 절차는 정보를 분석하는 단계를 의미한다. 문제 유형이나 상황에 따라 다양한 정보 분석 절차가 있지만 일반적으로 다음과 같은 단계로 구성된다.

단계	설명
문제 정의	문제를 정의하고 분석 대상 구체화
데이터 수집	필요한 데이터 수집, 데이터 정보원 파악 및 확보
데이터 전처리	데이터 오류 제거 및 데이터 변환
다양한 분석 기법 적용	분석 기법 적용 가능한 도구 파악하고 적용
정보 시각화 및 활용	다양한 분석 결과 시각화하고 활용

이와 함께 훌륭한 정보 분석의 의미를 정확하게 이해하는 것도 매우 중요하다. 훌륭한 분석은 다음 그림에서도 볼 수 있듯이 좋은 데이터(자료)가 있다고 해서 항상 훌륭한 분석이 되는 것은 아니다. 좋은 데이터가 있어도 그것을 단순히 변경하는 것만으로는 훌륭한 분석이 될 수 없다. 훌륭한 분석이란 목적에 맞게 여러 가지 기법을 적용하여 다양한 결과를 도출하고 미래의 동향을 예측할 수 있는 것이어야 한다. 이러한 분석 기법에는 반드시 고도의 수학적 기법을 요구하지 않는다.

좋은 data ≠ 훌륭한 분석

출처: 한국산업인력공단(2017). 직업기초능력프로그램 정보능력 학습자용 워크북. p. 102.

2 엑셀을 이용한 정보 분석

1) 엑셀을 이용한 정보 수집과 정렬

엑셀에서 정보를 수집하는 방법은 워크시트 내 셀에 직접 데이터를 입력하는 방법과 외부에서 작성된 다양한 종류의 데이터를 워크시트로 가져오는 방법이 있다. 엑셀에서 가져올 수 있는 외부 데이터의 유형은 텍스트 파일, MS 액세스 파일, HTML 파일 등이 있다. 여기서는 텍스트 파일을 가져오는 방법을 보여준다.

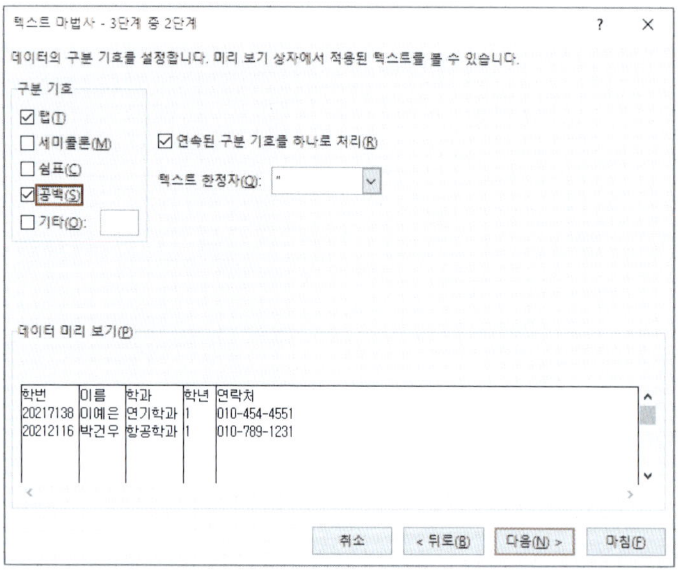

텍스트 파일을 가져오기 위해서는 텍스트 파일이 구분자인 탭이나 공백(space)이나 특수 문자 등으로 열이 구분되었을 때 워크시트의 각 셀로 쉽게 가져올 수 있다. 구분자가 없는 경우에는 쉽게 가져올 수 없어서 텍스트 파일을 구분자로 구분하는 작업을 수행한 후에 가져와야 한다. [데이터] 탭 - [외부 데이터 가져오기] 그룹 - [텍스트] 명령을 선택하면 나타나는 텍스트 파일 가져오기 대화상자에서 해당 파일을 선택한 경우 텍스트 마법사가 실행된다. 이전 그림은 텍스트 마법사의 2단계 그림이다. 그림에서 구분자를 공백으로 선택하면 공백으로 구분된 텍스트를 구분하여 보여준다. 3단계를 걸쳐서 마침을 누르면 특정 셀을 기준으로 데이터를 가져온다.

데이터를 분석하기 위해서는 데이터를 정렬하는 방법을 배워야 한다. 정렬은 데이터들을 특정 기준에 따라 순서대로 재배치하는 작업이다. 정렬은 여러 개의 정렬 기준을 가질 수 있으며, 행 단위로 수행된다. 정렬 방식은 오름차순, 내림차순, 사용자 지정 방식이 있다. 오름차순 정렬 순서는 숫자, 문자 순이다. 문자는 특수문자, 영문, 한글 순으로 정렬된다. 정렬하기 위해서는 [데이터] 탭 - [정렬 및 필터] 그룹 - [정렬] 명령을 선택하면 된다. 다음 그림은 엑셀 데이터를 학과명 순으로 정렬된 것과 학년 순으로 정렬된 것을 보여준다. 학과명을 오름차순으로 정렬했기 때문에 영문 학과명 먼저 나오고 가나다 순으로 정렬되었다. 학년을 오름차순으로 정렬했기 때문에 작은 수부터 큰 수로 정렬되었다. 내림차순으로 정렬하면 순서가 반대로 된다.

	A	B	C	D	E	F	G
1	학번	이름	학과	학년	정보능력	어학	총점
2	20198231	박민서	IT학과	3	98	86	184
3	20204311	김서연	간호학과	2	77	87	164
4	20194325	민준서	간호학과	3	78	87	165
5	20184327	신예준	간호학과	4	95	79	174
6	20214505	강민준	경영학과	1	88	89	177
7	20164516	이지우	경영학과	4	83	91	174
8	20217336	서현우	디자인학과	1	67	91	158
9	20217138	이예은	연기학과	1	71	82	153

	A	B	C	D	E	F	G
1	학번	이름	학과	학년	정보능력	어학	총점
2	20214505	강민준	경영학과	1	88	89	177
3	20217753	홍지민	체육학과	1	81	88	169
4	20217336	서현우	디자인학과	1	67	91	158
5	20212116	박건우	항공학과	1	68	88	156
6	20217138	이예은	연기학과	1	71	82	153
7	20207122	김지후	연기학과	2	92	82	174
8	20202142	장현준	항공학과	2	90	75	165

2) 부분합과 피벗테이블 분석 기법

엑셀에서 정보 분석 및 가공하는 기능에는 부분합, 피벗 테이블, 시나리오, 목표값 찾기 기능이 있으며, 데이터 표와 데이터 통합 기능이 있다.

부분합은 특정 필드를 기준으로 데이터를 그룹별로 분류하고 각 그룹별로 계산을 수행하는 기능이다. 부분합을 수행하기 위해서는 그룹화하는 특정 필드를 기준으로 정렬되어 있어야 하며, 열의 첫 번째 위치에는 이름이 있어야 한다. 부분합에서 사용할 수 있는 함수는 합계, 개수, 평균, 최대값 등이다. 다음은 학년별로 평균이 얼마인지를 확인하기 위하여 부분합을 구하는 절차와 부분합 대화상자를 설정한 그림이다.

1) 부분합을 구할 영역 드래그하여 선택하기
2) [데이터] 탭 - [윤곽선] 그룹 - [부분합] 명령 클릭
3) 부분합 대화상자에서 사용할 함수로 평균을 선택하고 부분합 계산항목으로 총점을 클릭한 후 확인 버튼 클릭

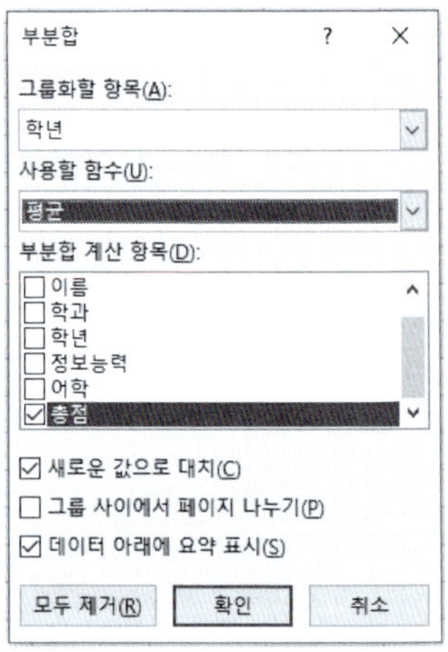

다음 그림은 부분합이 적용된 결과이다. 엑셀의 부분합 기능을 통해 학년별로 총점의 평균이 얼마인지를 분석할 수 있다. 예제에서는 학년이 올라갈수록 총점이 높아지는 현상을 볼 수 있다. 윤곽기호를 클릭하여 하위그룹을 숨기거나 보여줄 수 있다. 부분합을 제거하는 방법은 [데이터] 탭 - [윤곽선] - [부분합] 명령을 클릭한 후 나타나는 대화상자에서 모두 제거 버튼을 클릭하면 된다.

	A	B	C	D	E	F	G
1	학번	이름	학과	학년	정보능력	어학	총점
2	20214505	강민준	경영학과	1	88	89	177
3	20217753	홍지민	체육학과	1	81	88	169
4	20217336	서현우	디자인학과	1	67	91	158
5	20212116	박건우	항공학과	1	68	88	156
6	20217138	이예은	연기학과	1	71	82	153
7				**1 평균**			162.6
8	20207122	김지후	연기학과	2	92	82	174
9	20202142	장현준	항공학과	2	90	75	165
10	20204311	김서연	간호학과	2	77	87	164
11				**2 평균**			167.6667
12	20198231	박민서	IT학과	3	98	86	184
13	20194325	민준서	간호학과	3	78	87	165
14				**3 평균**			174.5
15	20184327	신예준	간호학과	4	95	79	174
16	20164516	이지우	경영학과	4	88	91	179
17				**4 평균**			176.5
18				**전체 평균**			168.1667

피벗 테이블은 데이터가 복잡해 부분합을 적용하기 어려운 경우에 사용된다. 피벗 테이블은 많은 양의 데이터를 요약된 표로 보여준다. 피벗 테이블은 다른 피벗 테이블이나 외부 데이터나 데이터베이스 등의 데이터도 사용할 수 있다. 피벗(pivot)은 중심축을 의미하며, 데이터를 행과 열을 기준으로 요약해서 보여준다. 다음은 피벗 테이블을 만드는 절차와 피벗 테이블 만들기 대화상자를 보여주는 그림이다.

1) 데이터가 있는 셀을 선택한 후에 [삽입] 탭 - [표] 그룹 - [피벗 테이블] 명령 클릭
2) 피벗 테이블 만들기 대화상자에서 분석할 데이터 범위 및 피벗 테이블 보고서 위치 설정
3) 피벗 테이블 보고서 워크시트에서 피벗 테이블 필드 설정
4) 피벗 테이블 필드에서 필터 필드들,

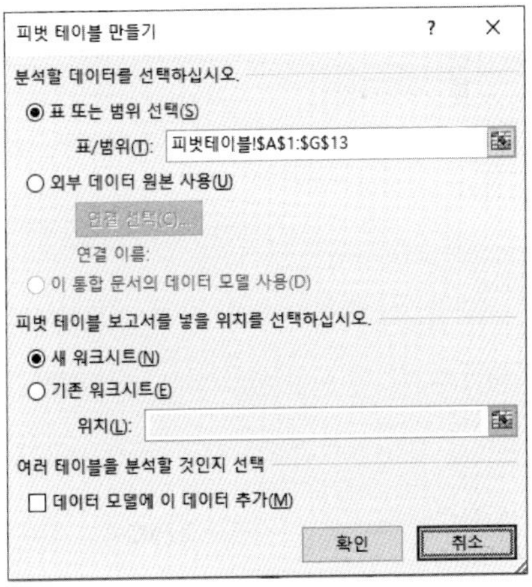

행 필드들, 값 필드들을 드래그하여 아래 영역에 추가
5) 행 필드들과 값 필드들은 순서에 따라 피벗 테이블을 구성

다음 그림은 피벗 테이블 보고서 워크시트에 있는 내용들을 보여준다. 피벗 테이블 필드에 설정한 행 필드 목록과 값 필드 목록에 따라 피벗 테이블의 행 레이블들과 열들의 값들이 결정된다. 값 필드는 기본적으로 총점이 설정되나, 그림에는 평균값을 설정하였다. 평균값을 설정하는 방법은 값 필드 영역에 있는 필드를 선택하면 나타나는 바로가기 메뉴에서 값 필드 설정을 클릭하면 실행되는 값 필드 설정 대화상자에서 평균을 설정하면 된다.

행 레이블	평균 : 정보능력	평균 : 어학	평균 : 총점
⊟1	**75**	**87.6**	**162.6**
경영학과	88	89	177
디자인학과	67	91	158
연기학과	71	82	153
체육학과	81	88	169
항공학과	68	88	156
⊟2	**86.33333333**	**81.33333333**	**167.6666667**
간호학과	77	87	164
연기학과	92	82	174
항공학과	90	75	165
⊟3	**88**	**86.5**	**174.5**
IT학과	98	86	184
간호학과	78	87	165
⊟4	**91.5**	**85**	**176.5**
간호학과	95	79	174
경영학과	88	91	179
총합계	**82.75**	**85.41666667**	**168.1666667**

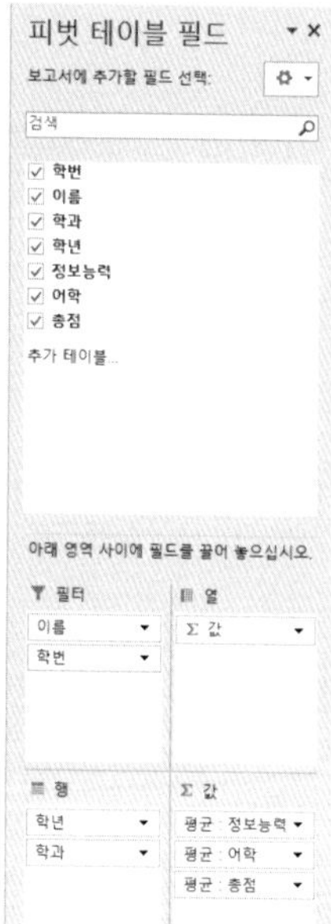

피벗 차트를 통해 차트 형태로 데이터를 분석할 수도 있다. 피벗 차트는 피벗 테이블에서 임의의 셀을 선택한 후 [삽입] 탭 – [차트] 그룹 – [피벗 차트] 명령을 클릭하면 나타나는 차트 삽입 대화상자에서 적당한 차트를 선택하면 된다. 차트 유형에는 세로 막대형, 꺾은선형, 원형, 가로 막대형, 영역형 등이 있다.

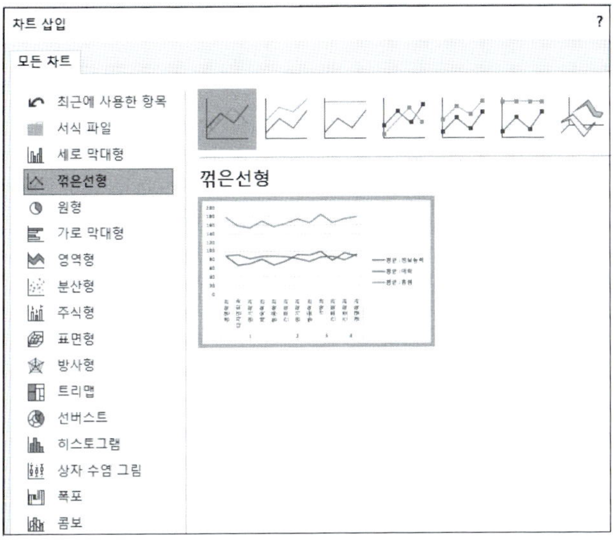

다음 그림은 차트 삽입 대화상자에서 꺾은선형 차트를 선택한 결과이다.

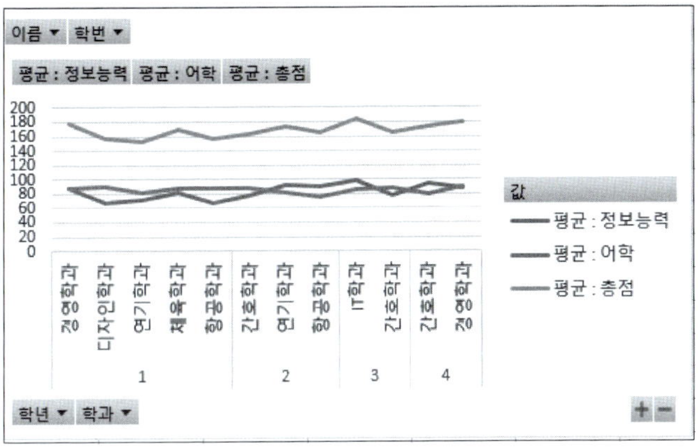

3) 시나리오와 목표값 찾기 분석 기법

시나리오는 다양한 변수값을 입력하여 여러 가지 결과값의 변화를 비교함으로써 다양한 상황을 예측하여 분석할 수 있는 도구이다. 시나리오를 실행하는 방법은 [데이터] 탭 - [예측] 그룹 - [가상분석] 명령 아래에 있는 시나리오 관리자 메뉴를 선택하면 나타나는 시나리오 관리자 대화상자를 이용한다. 시나리오 관리자 대화상자에서 추가 버튼을 클릭하면 나타나는 시나리오 추가 대화상자를 통해 시나리오들을 추가할 수 있다. 다음 그림은 $F$3셀의 값을 변경하는 정보능력5점증가를 설정하는 시나리오 추가 대화상자와 시나리오 값을 77에서 82로 설정하는 시나리오 값 대화상자를 보여준다.

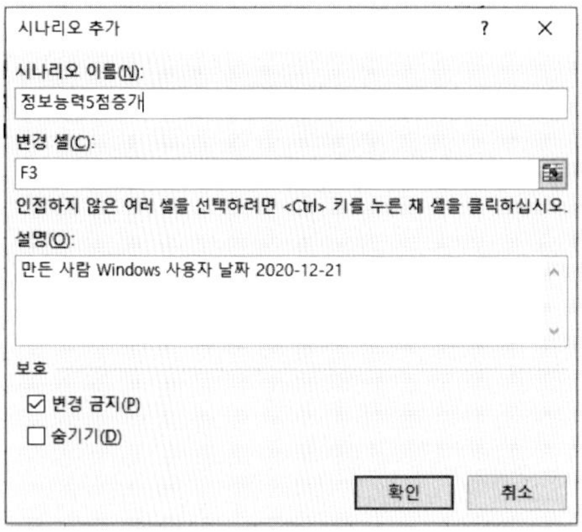

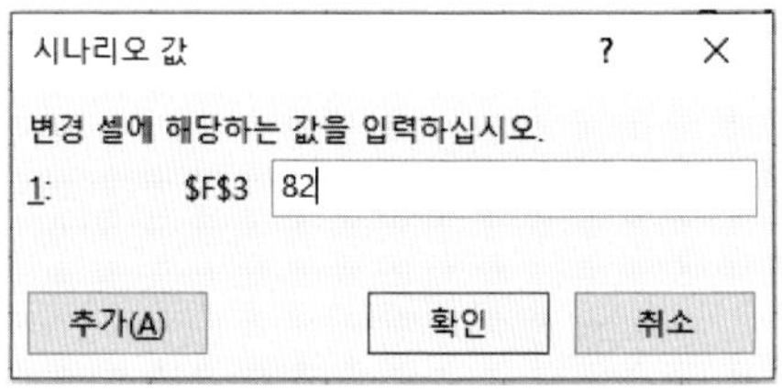

정보능력5점증가와 정보능력10점증가 시나리오를 작성한 다음 요약을 클릭하여 결과 셀을 $I$3을 선택하면 다음 그림과 같은 시나리오 요약이 새로운 워크시트에 추가된다. 시나리오에 따라서 순위열 해당 셀의 값이 현재 8등에서 정보능력점수가 5점 증가하면 5등이 되고, 정보능력점수가 10점 증가하면 3등으로 변경되는 것을 알 수 있다.

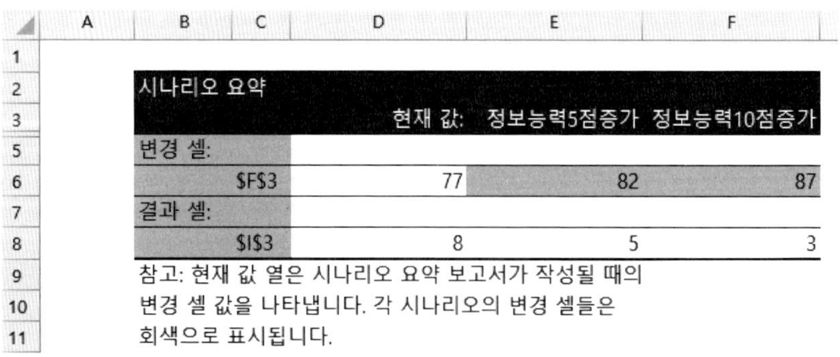

시나리오 요약				
		현재 값:	정보능력5점증가	정보능력10점증가
변경 셀:				
	$F$3	77	82	87
결과 셀:				
	$I$3	8	5	3

참고: 현재 값 열은 시나리오 요약 보고서가 작성될 때의
변경 셀 값을 나타냅니다. 각 시나리오의 변경 셀들은
회색으로 표시됩니다.

목표값 찾기는 목표값을 선정한 후 입력값을 변화시켜서 목표값을 찾아내는 기능이다. 즉, 목표값은 알고 있지만 목표값을 얻기 위해 필요한 입력 변수의 값을 모를 때 사용된다. 목표값 찾기를 실행하는 방법은 [데이터] 탭 - [예측] 그룹 - [가상분석] 명령 아래에 있는 목표값 찾기 메뉴의 목표값 찾기 대화상자를 이용한다. 다음 그림과 같이 목표값 찾기 대화상자를 설정하면 순위가 8위에서 5위가 되려면 정보능력 점수가 얼마가 되어야 하는지를 찾는 것이다. 실행해 보면 77점에서 84.7점이 되면 5위가 될 수 있는 것을 확인할 수 있다. 하지만, 이 값은 목표값을 찾기 위한 최적값은 아니다.

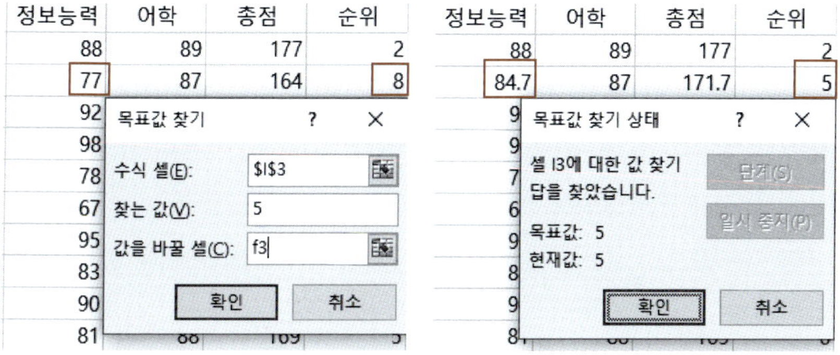

4) 데이터 표와 데이터 시각화

데이터 표는 다양한 변수값에 따른 결과값을 한꺼번에 계산하여 표로 표시해 주는 도구이다. 데이터 표의 결과값은 변화하는 변수값의 수식으로 표현되어야 한다. 다음은 앞의 예제에서 77 값을 갖는 정보능력 F3 셀의 변화값에 따른 I3셀의 값을 구하는 과정이다. 다음 왼쪽 그림과 같이 입력한 후 드래그한다. B22 셀에 있는 수식은 숫자 8이 입력된 것이 아니라 =I3이다. 드래그한 후 [데이터] 탭 - [예측] 그룹 - [가상분석] 명령 아래에 있는 데이터 표 메뉴를 선택하면 데이터 표 대화상자가 나타난다. 대화상자의 열 입력 셀에 F3을 입력하면 아래 오른쪽 그림과 같은 결과가 나타난다. 이를 통해 정보능력 점수가 78점이면 6등이 되며, 82점이 되면 5등이 되고, 87점이 되면 3등이 된다는 것을 한꺼번에 분석할 수 있다.

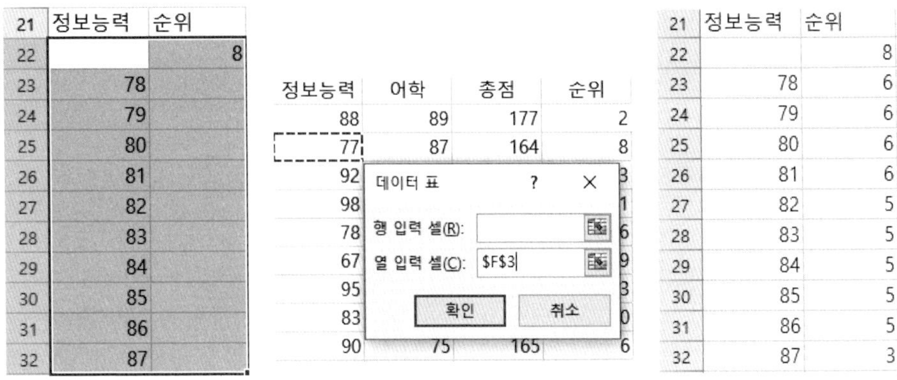

차트는 워크시트에 있는 데이터의 내용을 시각적으로 표현한 것이다. 차트의 모양에는 막대, 선, 도형, 그림 등이 있다. 차트를 이용하여 데이터를 표현하면 직관적으로 파악할 수 있다. 상대적인 값을 비교하거나 추세나 흐름 등을 파악할 수 있으며, 많은 데이터를 체계적으로 파악할 수 있다.

차트를 작성하려면 차트가 표현될 데이터를 선택한 후에 [삽입] 탭 - [차트] 그룹에서 적당한 명령을 선택하여 차트를 작성할 수 있다. 다양한 차트 유형에서 데이터를 시각화하는 데 가장 적당한 차트를 선택하여 [확인]을 클릭하면 차트가 생성된다.

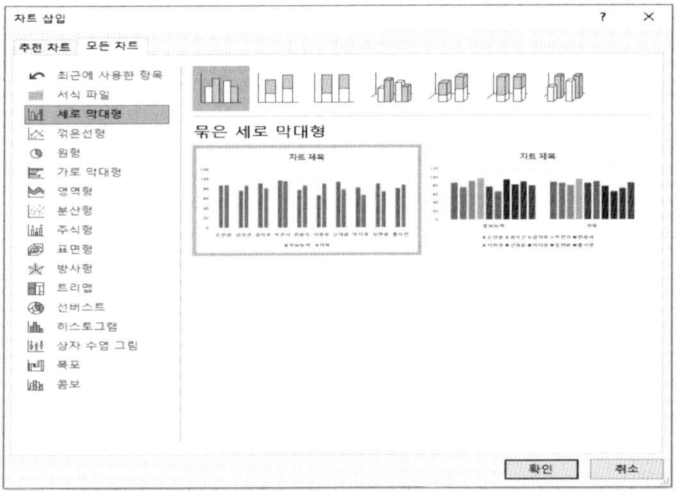

다음은 학생들의 정보능력 점수와 어학 점수를 차트로 표현한 것이다. 기본적으로는 차트 제목, 세로축 값, 가로축 값, 범례가 표시되며, 데이터가 막대나 선으로 표현된다. 가로축 제목, 세로축 제목, 데이터 레이블, 데이터 표 등을 추가하려면 차트를 선택할 때 나오는 차트 요소에서 해당 항목을 선택하여 추가해야 한다.

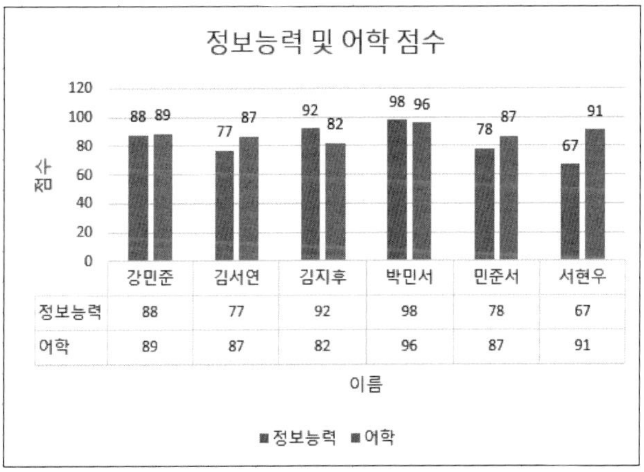

	강민준	김서연	김지후	박민서	민준서	서현우
정보능력	88	77	92	98	78	67
어학	89	87	82	96	87	91

3 정보 관리와 데이터베이스

1) 정보 관리 기법

어떤 목적을 위해 수집된 많은 정보는 목적 달성이 끝난 후에도 대부분 동일한 형태의 정보가 다시 이용되거나 가공된 정보로 필요해진다. 왜냐하면, 정보라는 자원은 한번 활용하고 나면 쓸모가 없어지는 것이 아니라 쉽게 재사용이 가능한 자원이기 때문이다. 수집된 정보는 재사용할 필요가 있기 때문에 효율적으로 관리해야 한다.

정보관리를 효율적으로 잘 하는 것은 정보 활용의 중요한 요소이다. 왜냐하면 사용된 정보는 가치가 있으며 지속적으로 사용되기 때문이다. 정보를 효율적으로 관리하기 위해서는 지속적으로 증가하는 정보를 체계적으로 관리할 수 있어야 한다. 정보를 관리하는 방법으로는 목록을 이용한 정보관리 기법과 색인을 이용한 정보관리 기법과 분류를 이용한 정보관리 기법 등이 있다.

목록을 이용한 정보관리 기법은 정보에서 중요한 항목을 추출하여 기술한 후 추출된 항목을 기준으로 정리하면서 만들어가는 기법이다. 워드프로세서나 엑셀 같은 스프레드시트에 목록을 만들어 디지털화해 놓으면 새로운 항목을 추가하는 것도 용이하고, 관련된 정보를 찾을 때 소프트웨어의 검색 기능을 이용하여 간단하게 찾을 수 있다.

색인을 이용한 정보관리 기법은 정보 내에 포함되어 있는 키워드나 주제어를 가지고 정보원을 관리하는 방식이다. 목록은 한 정보원에 한 개만 만드는 것이지만 색인은 한 정보원에 여러 개의 색인을 부여할 수 있다. 색인은 정보원을 찾을 때 사용하는 키워드인 색인어와 색인어가 있는 위치정보로 구성된다. 색인을 디지털로 저장하면 추가와 삭제 및 변경이 용이하다는 점에서 정보관리에 효율적이다.

분류를 이용한 정보관리 기법은 정보를 비슷한 것끼리 모아서 체계적으로 정리하여 관리하는 기법이다. 정보의 분류에는 시간이나 장소 등의 기준을 가지고 분류하고 체계적으로 정리하는 것이 좋다. 정보의 분류의 기준으로는 시간적 분류, 주제적 분류, 기능적 · 용도별 분류, 유형적 분류가 있다. 시간적 분류는 정보의 발생 시간별로 분류하는 것이며, 주제적 분류는 정보의 핵심 주제를 기준으로 분류하는 것이며, 기능적 · 용도별 분류는 정보가 이용되는 기능이나 용도에 따라 분류하는 것이며, 유형적 분류는 정보 자체의 유형에 따라 분류하는 것이다.

2) 엑셀 데이터베이스

정보를 체계적으로 관리하는 기법으로는 정보를 데이터베이스화하는 것이 있다. 파일시스템이나 서류를 통해 정보를 관리하는 것은 정보를 체계적으로 구성하는 데 어려움이 있으며, 정보를 검색하거나 추가 및 삭제를 하는 데에도 어려움이 있다. 정보를 데이터베이스화하는 도구로는 전용 데이터베이스 관리 시스템(DBMS)을 사용하는 것이 좋지만, 조직 차원의 정보를 관리하는 것이 아니면 전용 DBMS는 비용 측면이나 사용 측면에서 어려움이 있다. 개인의 정보 관리에는 스프레드시트인 엑셀과 오피스용 DBMS인 MS 액세스(Access)가 주로 사용된다.

정보를 효율적으로 관리하기 위해서는 데이터베이스 개념을 이해해야 한다. 데이터베이스는 테이블 형태로 구성되며, 필드와 레코드로 구성된다. 필드는 속성이라고도 하며 같은 유형의 데이터값들을 갖는다. 필드는 필드명이 있으며 테이블의 열을 의미한다. 레코드는 튜플이라고도 하며, 하나 이상의 필드로 구성되며, 테이블의 행을 의미한다. 다음 그림에서 필드는 학번, 이름, 학과, 학년, 연락처, 정보능력으로 6개이며 레코드 또는 튜플은 8개이다. 첫 번째 레코드는 20214505로 시작하고 88로 끝나는 첫 번째 행이다.

학번	이름	학과	학년	연락처	정보능력
20214505	강민준	경영학과	1	010-345-6789	88
20204311	김서연	간호학과	2	010-135-0194	77
20207122	김지후	연기학과	2	010-631-2156	92
20198231	박민서	IT학과	3	010-881-3116	98
20194325	민준서	간호학과	3	010-372-2831	78
20217336	서현우	디자인학과	1	010-454-3167	67
20184327	신예준	간호학과	4	010-208-0921	95
20164516	이지우	경영학과	4	010-901-7952	83

데이터베이스는 관련된 많은 데이터를 체계적으로 구성하여 통합해 놓은 테이블 형태이다. 엑셀에서는 간단하게 시트의 행에 데이터를 입력하는 작업을 통해 테이블을 작성함으로써 쉽게 데이터베이스를 만들 수 있다. 이를 위해 엑셀은 데이터를 독립적으로 관리하고 분석하기 위해 특정 영역을 표로 만드는 기능을 제공한다. 또한 엑셀은 데이터를 특정 필드의 순서대로 정렬하는 기능과 필요한 데이터만을 추출하여 보여주는 기능을 제공한다.

엑셀 데이터베이스 기능에는 잘못된 데이터가 입력되지 않도록 특정 필드에 입력되는 값들을 미리 정의하여 적합한 데이터만 입력 가능하게 하는 데이터 유효성 검사가 있다. 데이터 유효성을 설정하는 방법은 먼저 해당 영역을 드래그하여 선택한 후, [데이터] 탭 - [데이터 도구] 그룹 - [데이터 유효성 검사] 명령을 선택하면 나타나는 데이터 유효성 대화상자를 이용한다. 다음 그림은 정보능력 필드에 입력되는 값을 0에서 100까지의 정수로 설정하는 데이터 유효성 대화상자와 데이터 유효성을 설정한 후, 0~100 정수 이외의 값 101을 입력할 때 나타나는 오류 메시지를 보여준다.

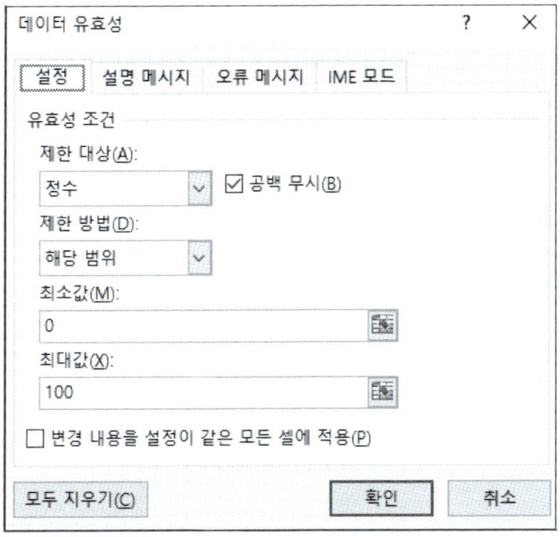

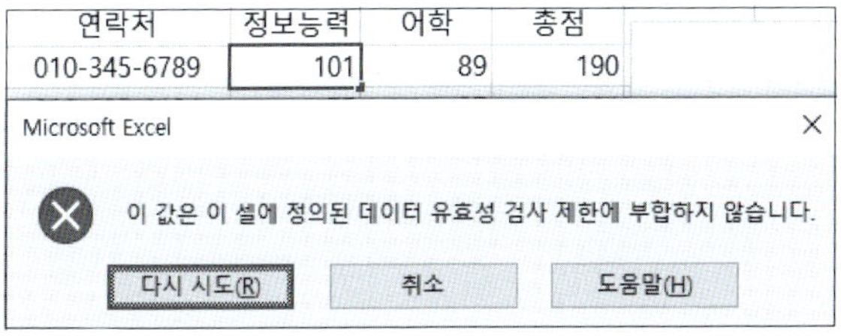

3) 엑셀 표 만들기

표 만들기 기능은 워크시트에서 만든 표를 별도의 데이터 저장 영역으로 취급하여 필터, 정렬, 행 음영, 행 요약 등의 기능을 손쉽게 사용가능하다. 표 기능은 [삽입] 탭 - [표] 그룹 - [표] 명령을 클릭하면 된다. 표로 만들면 표의 머리글에 필터 단추가 생성된다. 다음은 데이터를 표로 만든 후 머리글에 달린 필터 단추를 클릭한 그림이다. 필터 단추를 이용하여 정렬도 쉽게 할 수 있으며, 필터도 쉽게 할 수 있다. 필터는 전체 데이터 중에서 설정된 조건에 맞는 데이터만을 필터링하여 보여주는 기능이다.

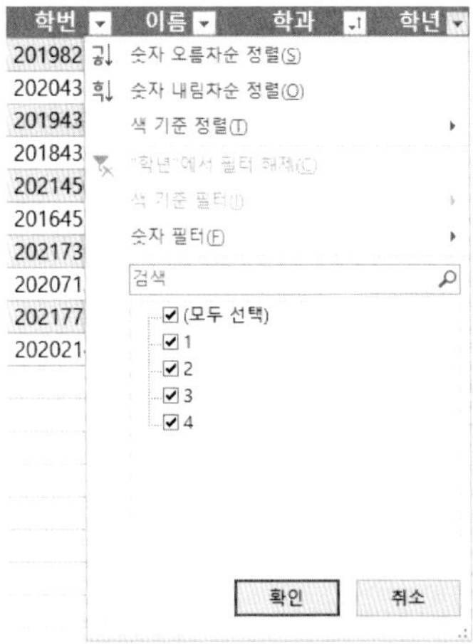

표 기능이 없는 경우에 필터 기능을 사용하려면 [데이터] 탭 - [정렬 및 필터] 그룹 - [필터]를 클릭하면 필터 단추가 나오며, 필터 단추를 눌러서 필터 기능을 사용한다. 또한 필터 기능에는 사용자 지정 자동 필터 기능도 있다. 다음 그림은 [숫자 필터] - [보다 큼]을 클릭하여 사용자 지정 자동 필터 대화상자에서 80점보다 큰 조건을 추가하여 필터링하는 그림이다.

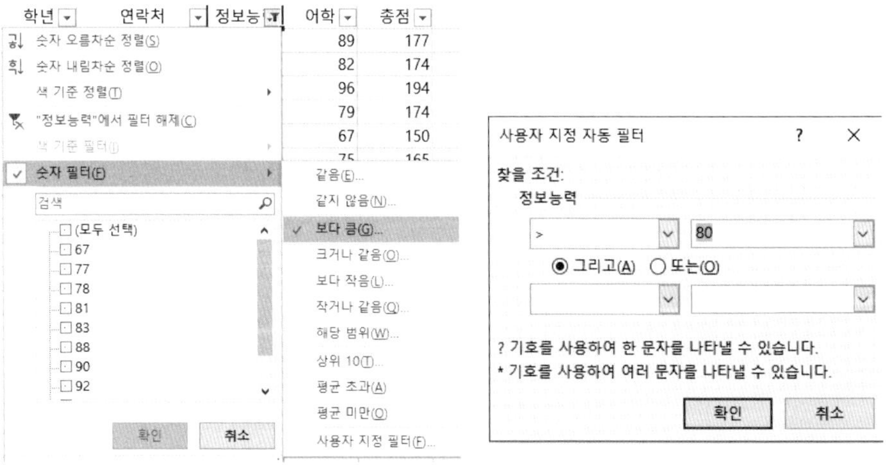

4 문제 해결과 엑셀 매크로

1) 컴퓨팅 사고

문제 해결 능력은 업무를 수행함에 있어 문제 상황이 발생하였을 경우 창조적이고 논리적인 사고를 통하여 이를 올바르게 인식하고 적절히 해결하는 능력이다. 복잡한 문제는 체계화할 수 없는 반구조적 또는 비구조적 문제이며 쉽게 해결되지 않는 문제이다. 이러한 복잡한 문제를 컴퓨터를 이용하여 해결하려면 컴퓨팅 사고(computational thinking)를 해야 한다. 컴퓨팅 사고에 대한 지식은 컴퓨터 전공자뿐만 아니라 다른 분야의 사람들도 자신의 문제를 해결하는 데 도움이 된다. 컴퓨팅 사고에는 다음과 같은 중요한 개념들이 있다. 이러한 개념들은 컴퓨터를 이용하여 문제를 해결하기 위한 것이다.

개념	설명
논리	이유와 근거를 가지고 생각하는 논리적 사고를 하는 것
분해	복잡한 문제를 작고 처리 가능한 작은 문제들로 분해하는 것
추상화	중요한 요소에만 집중하고 관련 없는 세부 사항은 무시하는 것
패턴인식	문제들에 유사성을 찾는 것
알고리즘	문제에 대한 단계적인 해결 방안을 개발하는 것
평가	개발된 문제 해결 방안의 효과성과 효율성을 평가하는 것

컴퓨터를 사용하여 복잡한 문제를 해결하려면 프로그램을 작성해야 한다. 프로그램을 작성하는 데 사용하는 기본 구조는 순차 구조, 선택 구조, 반복 구조가 있다. 순차 구조는 명령어들을 순서대로 위에서부터 아래로 실행되는 구조이며, 선택 구조는 조건이나 값에 따라 실행되는 명령어가 결정되는 구조이며, 반복 구조는 명령어들이 반복해서 수행되는 구조이다. 이러한 구조를 순서도로 나타내면 다음과 같다.

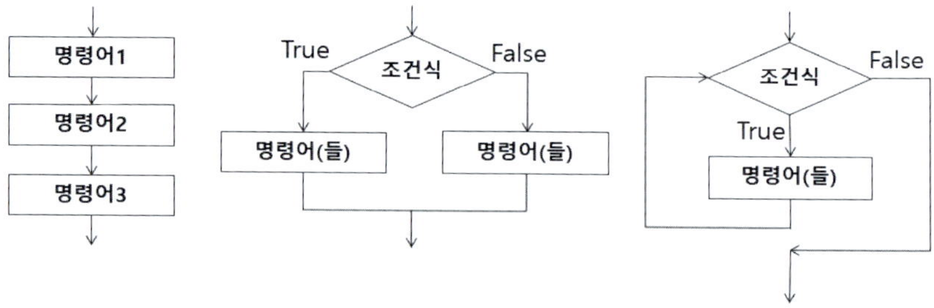

순차구조 선택구조 반복구조

2) 엑셀 매크로

엑셀에서는 똑같은 일을 반복할 때 자주 반복되는 작업들을 코드로 만들어 기록하는 매크로 기능이 있다. 기록된 매크로는 필요할 때마다 단축키나 버튼을 클릭하여 호출하면 기록해 둔 작업 과정이 수행된다. 매크로 설정 과정은 VBA 언어로 변환되어 자동으로 코드로 작성되며, 더 복잡하거나 추가적인 작업이 필요하면 VBA 도구를 이용하여 필요한 작업을 코드로 추가할 수 있다. 작성된 코드는 VBA 도구를 이용하여 추가하거나 변경 및 삭제할 수 있다.

매크로를 실행하려면 개발도구 탭을 이용해야 하는데 개발도구 탭은 기본적으로 화면에 표시되지 않는다. [파일] 탭 - [옵션] 메뉴를 선택하면 Excel 옵션 대화상자가 나오며 [리본 사용자 지정] 탭에서 [기본 탭] 그룹에 개발 코드 체크 박스를 체크하면 개발도구 탭이 나타난다. 엑셀 매크로를 작성하는 과정은 다음과 같다.

1) [개발도구] 탭 - [코드] 그룹 - [매크로 기록] 명령을 클릭
2) 매크로 기록 대화상자에 매크로 이름과 바로가기 키 설정
3) 작업 과정 수행
4) [개발도구] 탭 - [코드] 그룹 - [기록 중지] 명령을 클릭

다음 그림은 [개발도구] 탭 - [코드] 그룹 - [매크로 기록] 명령을 클릭한

경우에 나타나는 매크로 대화상자를 보여준다. 매크로 이름은 평균구하기이며 바로가기 키는 Ctrl+a로 설정하였다.

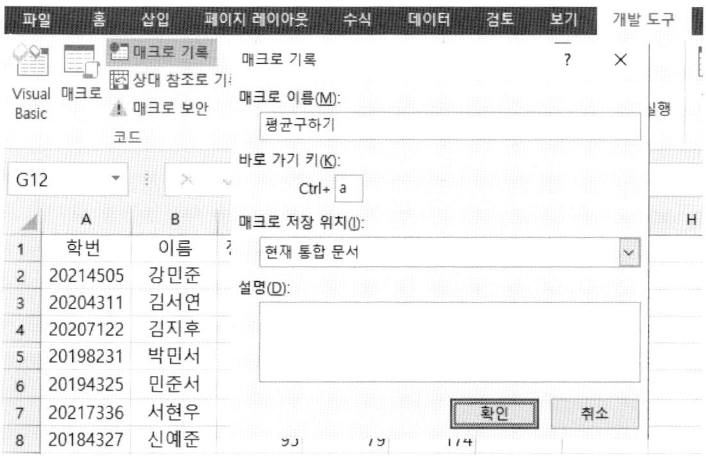

다음 그림은 F1 셀에 평균을 입력하고 F2 셀에는 =average(c2:d2)를 입력한 후에 F12 셀까지 채우기로 채운 그림이다. 이러한 과정이 매크로에 기록된다. 설정된 평균구하기 매크로를 실행하면 현재 선택된 워크시트에서 F1에 평균을 입력하는 과정부터 채우기까지 실행된다.

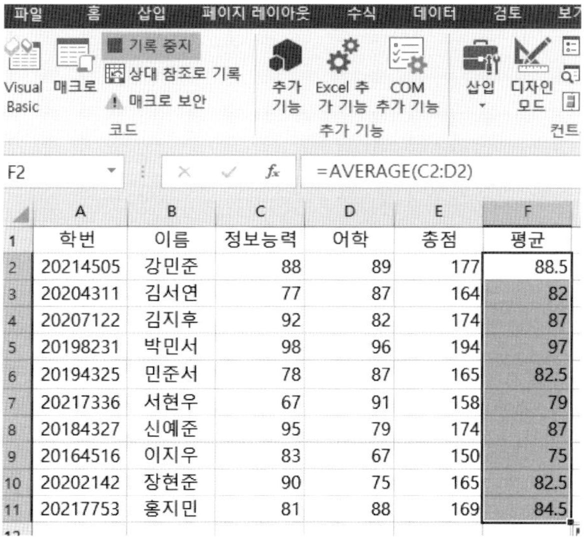

다음 그림은 [개발도구] 탭 - [코드] 그룹 - [매크로] 명령을 클릭하면 나타나는 매크로 대화상자에서 평균구하기 매크로를 선택한 후 편집 버튼을 클릭하면 나타나는 VBA(Visual Basic for Application) Editor 화면이다. 화면에는 프로젝트 탐색기, 코드 창, 속성 창, 직접 실행 창이 있다. 프로젝트 탐색기는 현재 프로젝트에 대한 개체들을 계층 구조로 보여준다. 코드 창은 코드를 보여주고 편집할 수 있는 창이다. 속성 창은 개체를 선택할 때 객체가 가지는 모든 속성과 속성값을 표 형태로 보여준다. 직접 실행 창은 직접 실행할 수 있는 코드를 작성하여 실행시켜 볼 수 있는 공간이다.

이러한 VBA Editor 실행하는 방법은 다음과 같은 방법들이 있다.

1) [개발도구] 탭 - [코드] 그룹 - [Visual Basic] 명령 선택
2) [개발도구] 탭 - [코드] 그룹 - [매크로] 명령 선택하면 나타나는 매크로 대화상자에서 [편집] 선택
3) Alt+F11

5 VBA 프로그래밍

1) VBA 프로그래밍 용어와 자료형

VBA는 엑셀이나 액세스 등의 어플리케이션에서 작업과정을 자동화하기 위한 프로그래밍 언어이다. 사용법은 VB(Visual Basic)와 같으나 VB와 달리 프로그래밍 언어를 설치할 필요 없이 MS 오피스 제품만 있으면 사용 가능하다. VBA는 엑셀이나 액세스에서 매크로 작업을 발전시켜 좀더 복잡한 작업을 처리할 수 있도록 고안된 언어이다. VBA는 엑셀의 셀과 시트, 폼, 클래스, 개체(Object), 속성 등을 처리할 수 있으나 여기서는 VBA의 프로그래밍 기능만을 설명한다.

VBA 프로그래밍을 하려면 다음과 같은 용어들을 알아야 한다.

용어	설명
상수	변함이 없는 특정한 값을 저장한 공간에 대한 이름
변수	값을 넣어두는 저장 공간에 대한 이름
프로시저	특정 작업을 처리하는 명령문들의 묶음
모듈	프로시저의 집합으로 프로젝트를 구성하는 기본 단위
프로젝트	프로그램을 구성하는 구성 요소들의 집합
개체	작업의 대상으로 워크시트, 셀, 차트 등 엑셀의 구성요소들을 의미
속성	개체에 대한 특성이나 상태
컬렉션	개체들의 집합으로 객체이름에 s자를 붙여서 사용
주석	내용을 메모하는 용도로 사용되며 실행과 무관한 문장

VBA 프로그램의 기본형은 다음과 같다. 하나의 모듈 안에 프로시저를 다음 그림과 같은 형태로 갖는 것이 기본형이다. 프로시저는 sub 프로시저이름( )로 시작하고 end sub로 끝난다. 프로시저 내부에 실제 실행될 명령어들을 순서대로 나열한다. 현재 프로시저는 Hello VBA Program을 출력하는 명령문 하나만 있는 프로시저이다. 작은따옴표(')로 시작하면 실행되지 않는 주석 구문으로 MsgBox 함수에 대한 설명을 메모하고 있다.

프로시저	실행결과
Sub vbaprogram( ) ' 메시지 상자에 메시지를 표시하기 MsgBox ("Hello VBA Program") End Sub	

변수는 컴퓨터가 명령어를 처리할 때 값을 저장하기 위한 프로그램 상의 저장 공간으로 저장된 값들은 언제든지 변경될 수 있다. 저장된 공간을 명명하기 위해 변수명을 사용한다. 변수명은 영문자나 한글로 시작하고 영문자, 한글, 숫자, 밑줄을 혼합하여 사용할 수 있다. 변수명에는 if, for, dim, as, integer와 같은 미리 예약된 키워드는 사용할 수 없다. 변수의 선언은 다음과 같은 형태로 하지만, VBA에서는 선언하지 않아도 사용할 수 있다.

변수의 선언 형식	dim aaa as Integer

aaa라는 변수를 Integer 자료형으로 선언하고 있다. 이렇게 선언한 경우 다음 그림과 같이 메모리 공간에 Integer 자료형이 저장될 수 있는 공간이 할당되며, 그 메모리 공간에 대한 이름이 aaa가 된다.

aaa:

자료형은 변수에 입력될 수 있는 유형을 지정하는 것으로 자주 사용되는 기본적인 자료형은 다음과 같다.

유형	자료형	설명	사례
숫자	Integer	정수형 숫자를 저장하기 위한 자료형	i = 5
논리형	Boolean	논리값을 저장하기 위한 자료형	b = True
문자형	String	문자열을 저장하기 위한 자료형	s = "Hello"

다음은 변수들을 사용하는 프로시저를 작성하고 실행한 예제이다.

변수 사용 예제 프로시저	실행결과
Sub vbaprogram01() 　　a = 1 　　bb = 200 　　ccc = a + bb 　　MsgBox(ccc) End Sub	

프로그램을 작성하다 보면 비슷한 자료들을 여러 개 저장해야 할 필요가 있다. 이럴 때 변수를 여러 개 선언하는 것보다는 여러 개를 저장할 수 있는 하나의 변수에 저장하는 것이 효율적이며 관리하기 편리하다. 배열은 동일한 자료형(data type)의 데이터를 여러 개 저장할 수 있는 저장 공간이다. 동일한 자료형의 데이터들을 하나의 변수를 이용하여 저장하고 사용할 수 있다.

다음 그림은 정수형 배열을 선언하고 사용하는 예제와 실행 결과 및 사용한 메모리 공간의 상태를 보여준다.

배열 사용 예제 프로시저	실행결과
Public Sub vbaprogram02( ) 　Dim num(5) As Integer 　num(0) = 1 　num(1) = 200 　num(2) = 3000 　num(3) = num(1) + num(2) 　num(4) = num(2) + num(3) 　MsgBox (num(3)) End Sub	

	0	1	2	3	4	5
num:	1	200	3000	3200	6200	0

2) VBA 함수와 프로그램 제어 구조

프로그래밍에서 함수란 공통으로 자주 사용되는 임의의 기능을 수행하는 코드들을 묶어서 하나의 단위로 만들어 놓은 것이다. 임의의 기능이 필요할 때마다 함수를 호출하여 사용한다. 함수에는 0개 이상의 인수(파라메터)들이 있을 수 있으며 1개 이하의 결과값을 반환할 수 있다. 아래의 InputBox와 MsgBox 함수들은 VBA에서 제공하는 함수로 필요할 때마다 호출하여 사용할 수 있다. 프로그래머가 직접 새로운 함수를 정의하여 사용할 수도 있다. 프로시저도 함수와 같은 기능을 한다.

```
Public Sub vbaprogram03( )
    Name = InputBox("이름을 입력하세요!", "이름 입력", "홍길동")
    res = MsgBox("Hi! " + Name, vbYesNo, "Hello")
End Sub
```

코드 내에 있는 Inputbox의 첫 번째 인자는 입력 상자의 중앙에 나타나고, 두 번째 인자는 제목에 나타난다. 세 번째 인자는 입력 상자 내에 있는 텍스트 박스 안에 나타나며, “홍길동” 문자열은 이름이 입력되지 않았을 경우에 default로 사용되는 값을 의미한다. “강민준”이라고 입력한 경우, 함수의 반환값으로 “강민준”이라는 문자열이 반환되고 Name 변수 저장 공간에 “강민준”이라는 문자열이 저장된다.

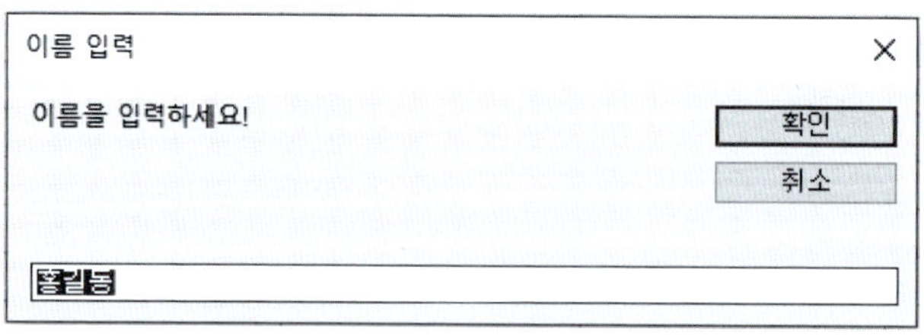

코드 내에 있는 MsgBox의 첫 번째 인자는 “Hi ”+Name이다. Name이 “강민준”이라는 문자열이 저장된 경우 첫 번째 인자는 “Hi! 강민준”이 되며 다음

그림의 중앙에 보여주고 있다. 두 번째 인자인 ybYesNo는 예(Y) 버튼과 아니요(N) 버튼을 보여주는 기능이다. 세 번째 인자는 제목을 나타낸다. MsgBox의 반환값은 예(Y)를 누른 경우와 아니요(N)를 누른 경우 다르게 반환되며 res 변수에 저장된다.

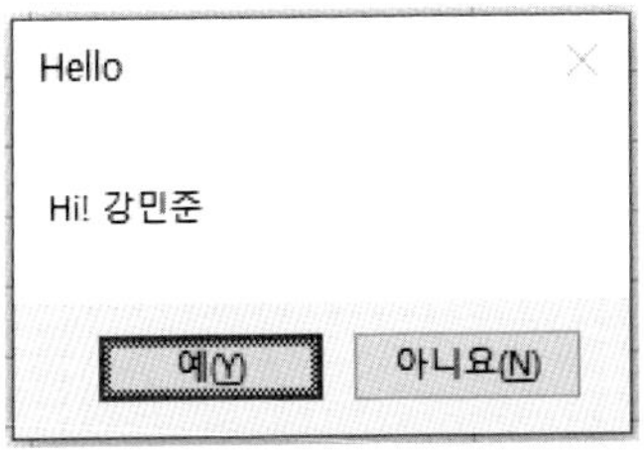

프로그램을 작성할 때 사용할 수 있는 3가지 기본적인 제어 구조가 있다. 순차 구조와 선택 구조 및 반복 구조이다. 순차 구조는 명령문들이 순서대로 실행시키는 구조이다. 선택 구조는 여러 개의 명령문들 중에서 특정 조건이나 값에 따라 실행이 선택되는 구조이다. 반복 구조는 특정 조건이 만족할 때까지 특정 명령문들을 반복해서 실행시키는 구조이다.

선택 구조는 프로그램 실행 중에 어떤 조건에 따라 실행될 명령문이 선택되는 기능을 수행한다. 다음 코드는 if 문으로써 조건문의 참/거짓에 따라 실행되는 명령문이 선택되는 구조이다. jumsu 변수의 값이 90보다 크거나 같으면 바로 다음 문장이 실행되고 jumsu 변수의 값이 90보다 작으면 else 다음 문장이 선택되어 실행된다.

```
If jumsu >= 90 Then
            MsgBox("A")
Else
            MsgBox("B")
End If
```

반복 구조는 특정 코드들을 여러 번 수행하고자 할 때 사용된다. 반복 횟수를 정해주는 For 문과 조건식에 의해 조건의 참인 동안 반복하는 While 문이 있다. 다음 For 문은 1에서 5까지 5번 수행되는 형태이다.

```
For i = 1 to 5
            MsgBox("Hello World!")
Next
```

다음 While 문은 i는 1로 초기화하고 i가 20보다 작거나 같은 동안 반복되는 반복문이다. 반복문 안에는 i를 1씩 증가시키는 명령문이 있어서 i값이 반복 수행되는 동안 계속 증가하여 21이 되는 경우 While 문이 종료하게 된다. 결과적으로 while 문은 20번 반복되면서 MsgBox 함수가 20번 수행된다.

```
i = 1
Do While i <= 20
            MsgBox("Hello World!")
            i = i + 1
Loop
```

연습문제

1. 문제 해결을 위해서는 정보를 수집해야 한다. 현재 해결해야 할 문제점을 파악하고 문제를 해결하기 위해서는 어떠한 정보가 필요한지 구체적으로 나열하라.

문제점	필요한 정보

2. 보고서를 작성하려면 해야 할 과정을 파악하고 필요한 정보를 수집해야 한다. 보고서를 임의로 선택하여 해야 할 일과 과정 및 필요한 정보를 구체적으로 나열하라.

해야 할 일들과 과정	필요한 정보

3. 정보원은 1차 자료와 2차 자료로 구분될 수 있다. 임의의 정보가 1차 자료인지 2차 자료인지 알아보고 2차 자료인 경우 1차 자료를 찾아라.

정보	1차 자료	2차 자료

4. 정보를 분석하는 과정은 여러 단계로 구성된다. 정보를 분석하는 단계를 나열하고 각 단계를 간략히 설명하라.

단계	설명

5. 다음과 같은 텍스트 파일을 엑셀로 가져오는 텍스트 마법사 설정에 대해서 설명하라.

텍스트 파일	텍스트 마법사 설정
A:19:가:993 B:22:나:34 C:12:거:374 D:87:노:27 E:37:머:73 S:23:가:913 T:46:나:91 D:88:거:43	

6. 부분합은 특정 필드를 기준으로 데이터를 그룹별로 분류하고 그룹별로 계산을 수행하는 기능이다. 다음 데이터에 대해서 학과 기준으로 부분합을 구하고 세로막대형 피벗 차트를 구하라.

	A	B	C	D	E	F	G	H
1	학번	이름	학과	학년	연락처	정보능력	어학	총점
2	20214505	강민준	경영학과	1	010-345-6789	88	89	177
3	20204311	김서연	간호학과	2	010-135-0194	77	87	164
4	20207122	김지후	연기학과	2	010-631-2156	92	82	174
5	20198231	박민서	IT학과	3	010-881-3116	98	96	194
6	20194325	민준서	간호학과	3	010-372-2831	78	87	165
7	20217336	서현우	디자인학과	1	010-454-3167	67	91	158
8	20184327	신예준	간호학과	4	010-208-0921	95	79	174
9	20164516	이지우	경영학과	4	010-901-7952	83	67	150
10	20202142	장현준	항공학과	2	010-752-8720	90	75	165
11	20217753	홍지민	체육학과	1	010-149-0231	81	88	169

부분합	
부분합에 대한 피벗차트	

7. 다음 데이터에서 어학 점수인 F9 정보가 10점과 20점 증가할 때 순위 정보인 H9의 값이 얼마로 변경되는 지를 시나리오 기법을 이용하여 구하고 시나리오 요약을 표시하라.

	A	B	C	D	E	F	G	H
1	학번	이름	학과	학년	정보능력	어학	총점	순위
2	20214505	강민준	경영학과	1	88	89	177	2
3	20204311	김서연	간호학과	2	77	87	164	8
4	20207122	김지후	연기학과	2	92	82	174	3
5	20198231	박민서	IT학과	3	98	96	194	1
6	20194325	민준서	간호학과	3	78	87	165	6
7	20217336	서현우	디자인학과	1	67	91	158	9
8	20184327	신예준	간호학과	4	95	79	174	3
9	20164516	이지우	경영학과	4	83	67	150	10
10	20202142	장현준	항공학과	2	90	75	165	6
11	20217753	홍지민	체육학과	1	81	88	169	5

시나리오 요약	

8. 앞에 예제에서 목표값 찾기 기능을 통해 어학 점수인 F9 값이 몇 점이 되야 순위가 3등이 되는지를 구하라.

목표값 찾기	

9. 앞에 예제에서 데이터 표 기능을 통해 어학 점수인 F9 값이 80점에서 95점까지 1씩 증가할 때 순위가 몇 위가 되는지를 구하라.

표 기능	

10. 앞의 예제에서 1등에서 5등까지의 학생의 정보능력과 어학 점수를 다음과 같은 차트 형태로 나타내라.

차트 형태	1등에서 5등까지 정보능력과 어학 점수 차트
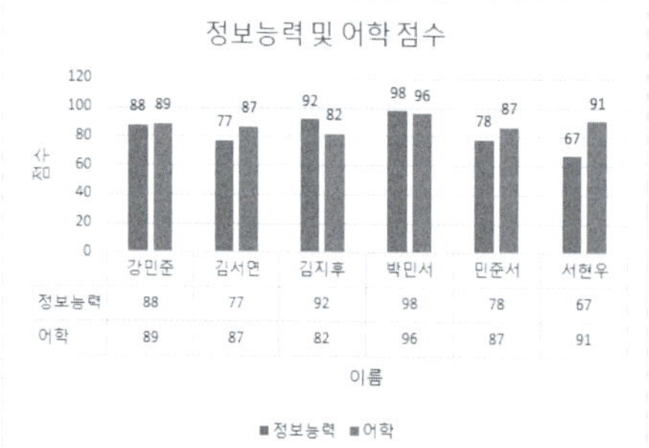	

11. 다음 데이터베이스의 필드들을 나열하고 튜플의 개수를 구하라.

<table>
<tr><td>데이터베이스</td><td>
<table>
<tr><th>학번</th><th>이름</th><th>학과</th><th>학년</th><th>연락처</th><th>정보능력</th></tr>
<tr><td>20214505</td><td>강민준</td><td>경영학과</td><td>1</td><td>010-345-6789</td><td>88</td></tr>
<tr><td>20204311</td><td>김서연</td><td>간호학과</td><td>2</td><td>010-135-0194</td><td>77</td></tr>
<tr><td>20207122</td><td>김지후</td><td>연기학과</td><td>2</td><td>010-631-2156</td><td>92</td></tr>
<tr><td>20198231</td><td>박민서</td><td>IT학과</td><td>3</td><td>010-881-3116</td><td>98</td></tr>
<tr><td>20194325</td><td>민준서</td><td>간호학과</td><td>3</td><td>010-372-2831</td><td>78</td></tr>
<tr><td>20217336</td><td>서현우</td><td>디자인학과</td><td>1</td><td>010-454-3167</td><td>67</td></tr>
<tr><td>20184327</td><td>신예준</td><td>간호학과</td><td>4</td><td>010-208-0921</td><td>95</td></tr>
<tr><td>20164516</td><td>이지우</td><td>경영학과</td><td>4</td><td>010-901-7952</td><td>83</td></tr>
</table>
</td></tr>
<tr><td>필드들</td><td></td></tr>
<tr><td>튜플의 개수</td><td></td></tr>
</table>

12. 앞의 예제에서 학년은 1에서 4까지의 숫자만 입력가능하다. 학년의 데이터 유효성을 설정하라.

데이터 유효성 설정	

13. 컴퓨팅 사고와 관련된 다음 용어들을 설명하라.

개념	설명
논리	
분해	
추상화	
패턴인식	
알고리즘	
평가	

14. 프로그램을 작성하는 데 사용하는 기본 구조는 순차 구조, 선택 구조, 반복 구조가 있다. 이러한 구조를 순서도를 이용하여 표시하라.

순차 구조	선택 구조	반복 구조

15. 순위구하기를 매크로로 만들려고 한다. 매크로를 설정하는 과정을 설명하라.

과정	설명
1	
2	
3	
4	

16. 프로그래밍을 하려면 다음과 같은 용어에 익숙해져야 한다. 다음 용어를 설명하라.

용어	설명
상수	
변수	
프로시저	
모듈	
프로젝트	
개체	
속성	
컬렉션	
주석	

17. 다음 변수명들이 변수명으로 적당한지 부적당한지를 판별하고 적당하지 않은 것은 이유를 설명하라.

변수명	적당/부적당	적당하지 않은 사유
aaa		
a bc		
a111b		
abc%		
3a4b5		
3abc		
for		
Aaa		
a*b		

18. 다음 프로그램의 실행 결과를 설명하라.

프로시저	실행결과 및 설명

Sub vbaprogram01( )
    a = 100
    bb = 2
    ccc = a * 2 + bb
    MsgBox(ccc)
End Sub	

19. 다음 if 문의 실행 결과를 설명하라.

프로시저	실행결과 및 설명

info = 88
lang = 93
jumsu = info + lang / 2
If jumsu >= 90 Then
    MsgBox("A")
Else
    MsgBox("B")
End If	

20. 다음 for 문의 실행 결과를 설명하라.

VBA 프로그램 코드	실행결과 및 설명
For i = 1 to 15 MsgBox("Hello World!") Next	

21. 다음 while 문의 실행 결과를 설명하라.

VBA 프로그램 코드	실행결과 및 설명
i = 1 Do While i <= 15 MsgBox("Hello World!") i = i + 2 Loop	

03 PART

리더십

CHAPTER

06 비전 제시

학습목표

비전과 리더십을 이해하고 개인적인 비전과 조직의 비전을 제시할 수 있다.

1. 미래에 대한 전망을 통해 자신의 직업군의 변화를 예측할 수 있다.
2. 비전 제시에 필요한 리더의 자질을 배우고 리더로서 자신의 약점을 보완할 수 있다.
3. 개인과 조직의 비전의 차이점을 이해하고 각각의 비전을 만들 수 있다.

들어가기 전에

1. 다음 질문들을 함께 토론해 봅시다.

1) "비전"라는 단어를 들었을 때 가장 먼저 떠오르는 것은 무엇인가요? 이미지, 사건, 인물, 광고, 문장 등 마음에 떠오르는 대로 적어봅시다.

____

____

____

2) 그 이유는 무엇입니까?

____

____

____

2. 다음 사진과 사건일지를 보고 토론해 봅시다.

사진출처: 중앙일보(뉴욕 AP 연합뉴스 인용)
제목: US Airway 1549편 불시착 (일명 허드슨 강의 기적)
일시: 2009년 1월 15일
장소: 뉴욕 허드슨 강
원인: 조류 충돌로 인한 비행기 엔진 고장
경위: 글라이더 활공을 이용한 비상 착수(충돌부터 비상 착수까지 208초)
탑승인원: 155명(승객 150명, 승무원 5명)
부상자: 5명
생존자: 전원

사진출처: Creative Commons
제목: 타이타닉 침몰 사고
일시: 1912년 4월 14일 ~ 4월 15일
장소: 북대서양
원인: 빙산 충돌
경위: 빙산 경고 무시, 대피 훈련 부재, 구명보트 부족, 커뮤니케이션 및 대응 부실 등
탑승인원: 2,224명
사망자: 1,514명
생존자: 710명

1) 위와 같은 재난 상황에서 이 두 사건의 결말을 가른 가장 중요한 원인은 무엇이라고 생각합니까?

2) 위의 두 사건은 서로 정반대의 결말을 보여줍니다. 해당 항공기와 선박에 닥친 재난 상황을 상상해 보세요. 그리고 이러한 위기상황이 닥쳤을 때 사람들은 각각 어떤 역할을 해야 하는지 토론해 보세요.

분류	역할
기장 또는 선장	
승무원	
승객	

3) 2016년 영화 〈설리:허드슨강의 기적〉[1]의 예고편을 보고 예측 불가능한 재난 상황에서 리더에게 가장 필요한 능력이나 자질은 무엇이라고 생각하는지 함께 나눠 보세요.

1) 서울신문(2016. 9. 7). 영화 '설리: 허드슨강의 기적' 예고편

1 리더십 이해하기

리더십을 본격적으로 다루기 전에 먼저 리더십과 그와 관련된 단어들의 정의를 알아보고 그 개념을 이해하도록 하자. 리더십과 연관어로서 리더와 조직과 구성원의 정의까지 정리하면 다음과 같다.

표 6-1 리더십 관련 단어와 정의

단어	정의
리더	조직이나 단체 등에서 전체를 이끌어 가는 위치에 있는 사람 한 집단의 사람들을 이끄는 사람. 특히 한 국가나 조직의 수장
리더십	한 집단의 사람들이나 하나의 조직을 이끄는 행위 리더가 될 수 있는 능력이나 좋은 리더가 갖추어야 할 자질
조직	특정한 목적을 달성하기 위해 기업체나 모임 등을 형성하는 사람들의 집단
구성원	어떤 조직이나 단체를 이루고 있는 사람 한 조직에 고용되어 집단으로 간주되는 모든 근무자들

출처: 국어사전; Oxford Languages 기반 재구성.

위의 정의를 종합적으로 정리해 보면 리더는 공통의 목적을 달성하기 위해 모인 한 집단의 사람들, 즉 조직을 이끌어 가는 사람이며 이를 위해 리더십이라는 능력 또는 자질이 필요하다. 리더십에 관해 이 모든 정의를 관통하면서 일관되게 제시되는 개념이 있다.

그건 바로 '방향성'이다. '목적'은 '나아가는 방향'을 의미하고 '이끌다'라는 행위는 '사람, 단체 등을 인도하여 어떤 방향으로 나가게 하다'라는 사전적 의미를 담고 있다. 즉, 특정한 목적을 위해 모인 사람들의 집단인 조직을 어떤 방향으로 이끄는가, 바로 이것이 우리가 이 장에서 배우게 될 리더십의 가장 기본적인 개념이다. 그러므로 리더십은 조직이라는 개념과 떨어질 수 없다. 왜냐면 리더십 스타일은 조직의 방향을 결정하고 그에 따른 계획을 수립, 시행하고 그 구성원들에게 동기를 부여하는 리더의 방법이기 때문이다(Cotter, 1999).

1) 바뀌는 시대와 조직의 변화

조직은 인류의 역사와 더불어 변화해 왔다. 우리는 현재 4차 산업시대에 접어 들었다. 4차 산업혁명이란 용어는 2016년 스위스에서 열린 세계경제포럼, 일명 다보스 포럼에서 의장인 클라우스 슈바프(Klaus Schwab)에 의해 처음 사용되었다. 슈바프에 따르면 4차 산업혁명은 ICT(Internet, Communication, and Technology)의 융합을 기본 개념으로 빅데이터 분석, 인공지능, 사물인터넷(Internet of Things: IoT), 만물인터넷(Internet of Everything: IoE), 로봇공학, 자율주행차, 가상현실 등에 의해 주도되는 차세대 산업혁명을 말한다.

과거 산업 시대에는 생산과 관리 체계의 구분이 분명했다. 그 이유는 생산성을 높이기 위한 효과적인 관리 체계가 필요했기 때문이다. 그러나 현재는 생산조직이 유연화되면서 고용 계약의 특성에 따라 개인들이 자율성과 창의성을 발휘하여 효율성과 유연성 기반의 자기조직화(self-organization)가 점차 가속화되고 있다(신문수, 2020).

앞으로 이러한 변화들은 더 빈번해지고 가속화될 것이다. 그리고 이러한 변화들을 따라잡지 못하는 조직들은 사라질 것이고, 적응하는 조직은 살아남을 것이며, 또 이전의 조직과 다른 형태의, 우리가 전혀 예측하지 못하는 형태의 조직도 생길 것이다. 그러므로 방향성을 제시해야 하는 리더의 역할이 더욱 중요하게 대두된다.

2) 방향 제시를 위한 질문

방향 제시를 위한 리더십을 연습해 보자. 아래 표는 2050년 우리나라의 각 분야가 어떻게 변화할지를 예측해 보기 위한 핵심 질문들이다. 2050년의 대한민국 사회를 이끌어 갈 주체로서 다음 질문에 대해 토론해 보자. 특히 자신이 생각하고 있는 직업 분야와 연결되는 부분이 있는지 살펴보고 자신의 직업과 미래에 질문을 적용하면서 서로의 생각을 나눠보기 바란다.

- 아래 분야에서 우리나라는 어떻게 변화할 것인가?
- 그렇게 예측한 근거는 무엇인가?
- 각 분야에 있어 어떤 방향 제시가 필요할까?
- 아래 분야들이 나의 직업과 어떻게 연결되는가?
- 예측되는 변화의 방향에 따라 나는 어떤 직업적 준비가 필요한가?

표 6-2 2050년 미래 전망을 위한 핵심 질문들

분야	2050년 미래 전망의 핵심 질문들
관계	우리는 경쟁하며 협력할까, 경쟁하며 고립될까? 다양한 사람들의 사회 참여를 보장할 수 있을까?
환경	우리는 주거환경에 만족하며 살까? 어느 지역에 거주해도 정신적, 신체적으로 안정된 삶을 살 수 있을까?
교육	노력하면 계층 상승할 수 있을까? 어느 곳에서나 혁신을 위한 다양한 도전의 기회가 주어질까?
경제	한국 산업의 성장세를 지속해서 기대할 수 있을까? 중소기업과 대기업의 성장 격차는 계속 벌어질까?
정치	국회에 대한 국민 신뢰도는 높아질까? 지방정부의 재정과 통치역량은 높아질까?
국제	한국의 국제적 위상과 역할은 지속해서 확대될 것인가? 우리는 공동번영의 한반도에서 살게 될까, 갈등과 격차가 심해진 한반도에서 살게 될까?

출처: 국회미래연구원(2023). 2050년 대한민국 미래전망과 대응전략.

미래는 예측 불가능하다. 그럼에도 불구하고 우리는 현재에 기초하여 변화의 방향성을 읽어내야 한다. 특히 급변하는 사회에서 우리는 우리의 미래와 직업이 어떻게 바뀔지를 생각하고 그 변화에 대비해야 한다. 사회와 환경의 변화에 따라 나의 미래를 설계하고 직업적 비전을 세우는 것이 리더가 되는 첫걸음이 될 것이다.

Try it out!

〈표 6-2〉에 대한 토론 내용에 기초하여 자신의 직업 전망을 예측해 봅시다. 먼저 자신이 마음에 두고 있는 직업분야를 적으세요. 미래에 나의 분야와 융합이 가능한 분야는 어떤 것들이 있을까요? 그리고 그 융합 분야에서 파생되거나 새로 생길 직업군에는 어떤 것들이 있을까요? 마지막으로 융합 분야에서 파생되거나 새로 출현할 직업군에는 어떤 기술들이 필요할지 적어보세요.

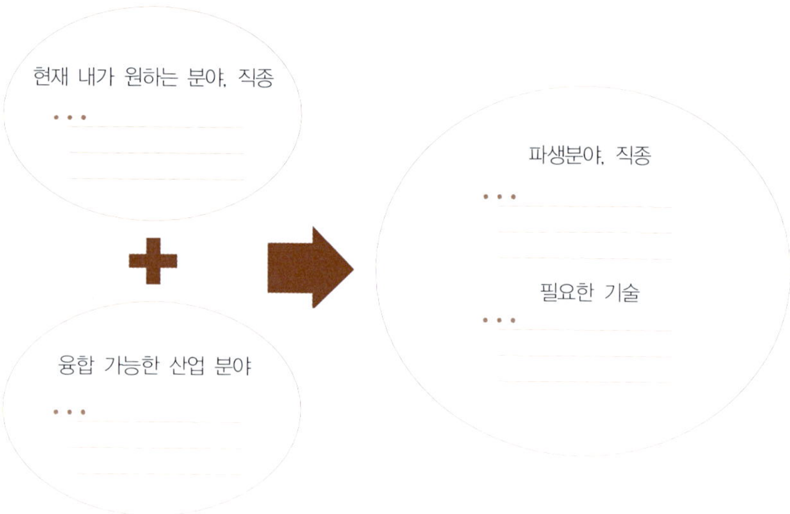

2 비전 제시

전통적 생산과 관리의 경계가 모호해지고 예측할 수 없는 변수가 항상 존재하는 현재, 리더십과 조직의 변화는 불가피하다. 과거에는 생산성의 극대화를 위한 관리 체계가 중요했기 때문에 중앙집권식 리더십이 필요했지만 현재는 예측 불가능한 변수들에 빠르게 대처하면서 그 안에서 기회를 포착해 내야 하는 리더십이 필요하다. 더구나 한 나라의 문제가 다른 국가들에게 영향을 미치는 상황에서 우리는 이런 불확실성과 변수를 지역적인 관점이 아니라 세계적인 관점에서 바라봐야 할 필요가 있다. 이 모든 것들을 읽어내고 대처하며 가능성을 포착해 낼 수 있는 미래의 리더의 자질에 대해 알아보자.

1) 비전의 정의

불확실하고 예측불가능한 상황은 사람들에게 불안감을 야기한다. 앞이 보이지 않는 상황에서 사람들이 심리적으로 느끼는 불안감은 자신뿐 아니라 조직과 커뮤니티의 다른 구성원까지 영향을 미치며 결국 집단 전체에 퍼지게 된다. 이런 상황에서 리더는 사람들에게 방향을 제시하는 리더십, 즉 비전 제시의 리더십을 발휘해야 한다. 비전의 정의는 다음과 같다.

위의 정의는 비전이 단지 장래의 일을 상상하는 것이 아니라 현재와 앞으로 다가올 시대의 연결성 속에서 변화를 흐름을 읽어내고 가능성을 발견하고 그것을 토대로 구체적 계획을 수립하여 방향을 제시한다는 의미가 들어있다. 많은 리더십 전문가들은 비전을 갖는 것이 리더십의 핵심이라고 말한다(김진호 · 최용주, 2017; Friedman, 2008). 그리고 그것은 나로부터 시작된다. 자신이 리더십 비전을 갖는 것. 이제부터 어떻게 나 자신에 대한 비전을 설정하고 비전의 리더십을 가질 수 있을 것인가를 알아보자.

2) 비전과 리더십

비전을 갖춘 리더십은 조직이나 개인을 성공으로 이끄는 핵심 요소이다. 먼저, 명확한 비전은 개인이나 조직이 현재 상태에서 중장기적으로 얼마만큼 발전할 수 있는지를 가늠할 수 있게 해 준다. 그러므로 비전은 현실적이면서도 도전적이고 미래지향적이어야 한다. 리더십은 바로 이 비전을 현실로 만들어 나가는 과정에 필수적이다.

먼저 개인적인 차원에서 리더십이란 자신에게 비전에 대한 동기를 부여하고 비전 에 대한 목표를 세우며 효과적인 실천 전략을 통해 개인의 목표를 달성하는 역량을 말한다. 개인의 리더십을 점검해 보기 위해 아래 문항을 읽고 그 결과를 체크해 보자.

① 나는 환경 변화에 기반하여 나의 미래와 직업에 대한 비전을 만들 수 있다.
② 나는 비전 성취를 위해 목표와 실천 전략을 세울 수 있다.
③ 나는 목표 달성을 위한 동기부여 방법을 알고 실천할 수 있다.
④ 나는 목표를 점검하고 수정할 수 있다.
⑤ 나는 목표 달성에 필요하다고 생각되면 내 생활을 변화시킬 수 있다.

표 6-3 리더십 점검하기

문항	그렇지 않은 편이다.	보통인 편이다.	그런 편이다.
①	1	2	3
②	1	2	3
③	1	2	3
④	1	2	3
⑤	1	2	3
합계			

※ 7점 이하: 낮음, 8~12점: 보통, 13점 이상: 높음

위의 표에서 자신의 리더십이 “낮음”이나 “보통”으로 측정되었다면 부족한 부분을 보완해야 할 것이다. 그 외의 경우에도 위의 각 문항이 다루고 있는 내용을 이해하고 그 실천 방법을 학습하여 자신의 리더십을 더 강화시키도록 하자.

마찬가지로 조직에 있어서도 비전은 필수적이다. 조직은 공동의 목적을 달성하기 위한 집단이므로 이 목적에 대한 방향이 필요하기 때문이다. 비전은 바로 이 목적 달성을 위한 방향과 세부 목표를 설정하게 해 준다. 조직에 필요

한 리더십 역량은 다음과 같이 요약된다.

(1) 비전과 목표 설정

미래와 환경의 변화를 예측하고 이를 바탕으로 조직의 나아갈 방향을 결정하고, 구체적이고 도전적인 목표를 수립하고 전략을 개발하는 능력

(2) 의사소통

모든 과정에서 구성원들에게 효과적으로 의사를 전달하고 구성원들의 의견을 듣는 능력

(3) 팀 빌딩 및 협력

서로 다른 구성원들 간에 협력을 이끌어 내며 구성원들의 역량을 최대한 활용할 수 있는 능력

(4) 문제 해결

어려움이 생겼을 때 논리적으로 문제의 본질을 파악하고 원인을 분석하며 창의적으로 해결할 수 있는 능력

(5) 변화 대처

불확실성이나 예기치 않은 환경 변화에 대응할 수 있는 유연성과 변화를 두려워하지 않는 도전 정신

(6) 책임감과 신뢰

리더의 임무와 역할에 대해 책임을 다하고 정직을 바탕으로 구성원들의 신뢰를 구축하는 능력

위와 같이 보편적인 리더십 역량 외에도 리더십의 형태에 따라 추가로 여러 다른 역량이 요구될 수 있다.

3) 임파워먼트

과거 제조업 중심의 산업 성장기에는 생산을 극대화하기 위한 강한 추진력과 권위를 바탕으로 한 리더십이 필요했다. 리더는 모든 권한을 가지며, 구성원들은 팔로워로서 리더의 지휘에 따랐다. 그러나 비즈니스 환경이 바뀌고 불확실성이 높아짐에 따라 이에 대처하기 위한 개방적이고 탄력적인 경영이 필요하게 되었다. 2000년대 초반 소프트웨어 분야에 등장한 애자일 조직이 그 예다. 애자일(agile)은 "민첩한" 또는 "기민한"이란 뜻이다.

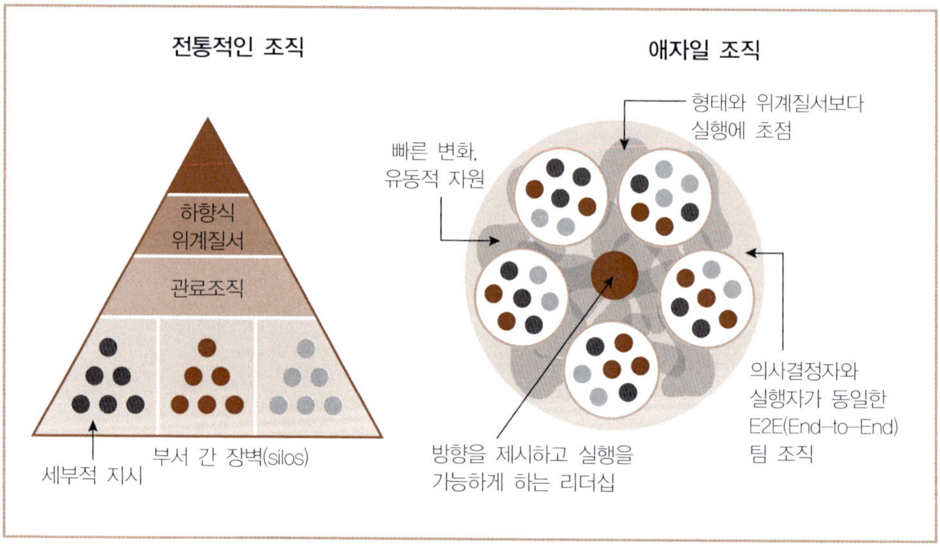

그림 6-1 전통적 조직과 애자일 조직

출처: 맥킨지 (2017). 애자일 조직의 5가지 특징

기존에는 설계, 개발, 테스트를 거쳐 완성품을 만들어 냈다면 애자일 조직에서는 고객의 반응과 환경을 빠르게 반영하면서 반복적, 지속적으로 제품을 만든다. 이를 위해서는 개발, 개선, 실행, 의사결정권을 모두 가진 소규모의 팀

들이 필요하며, 팀은 이런 역량을 갖춘 사람들로 구성된다. 그렇다면 리더는 구성원들에게 필요한 권한을 부여해야 할 것이다. 여기서 필요한 개념이 바로 임파워먼트(empowerment)이다. 임파워먼트는 사람들로 하여금 힘이나 권한을 가진 상태가 되게 하는 것을 뜻한다.

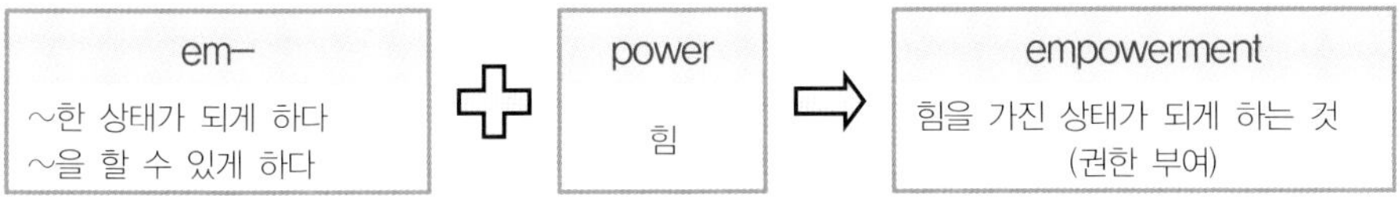

이 개념은 먼저 구조적으로는 리더가 업무 수행에 필요한 권한과 책임을 구성원에게 부여하거나 위임하는 것을 뜻한다. 심리적으로는 구성원들을 신뢰하고 자기효능감을 향상시켜 자율성과 잠재력을 발휘하여 높은 성과를 낼 수 있게 한다(Conger & Kanungo, 1988). 그 결과, 조직은 효율성과 생산성이 향상되고 구성원들은 자아실현 기회를 통해 자신감과 업무 만족도가 높아지게 된다. 또한 환경 변화에 빠르게 적응하여 조직의 경쟁력을 높이는 효과를 가져올 수 있다.

그러므로 임파워먼트 환경에서는 구성원에 대한 신뢰와 이해가 중요하다. 특히 실패는 구성원이 새롭고 창의적인 것을 시도한 결과로 인식된다. 구성원들은 실패를 두려워하지 않고 다시 도전하여 성취감을 얻게 된다. 이러한 임파워먼트 접근법은 조직의 창의성과 혁신을 촉진하여 변화에 더욱 민첩하게 대응할 수 있게 한다.

■■■ Try it out!

여러분이 창업을 앞두고 있다고 가정해 보세요. 창업 분야, 사업 영역, 아이템 등을 정하고 싶습니다. 이때 리커전(recursion) 방법을 통해 구체적인 계획을 세워 봅시다. 리커전은 재귀, 또는 반복을 뜻하는 프로그래밍 용어에서 나온 것으로 경쟁사의 영역과 사업분야뿐만 아니라 거기서 경쟁사의 경쟁사로 확장 검토하는 과정을 반복하여 새로운 분야에 대한 가능성을 개척하는 방법입니다. 원리를 파악하고 아래 그림에 알맞게 채워 보세요. 이 과정을 거치고 난 후 어떤 구상이나 아이디어가 떠오르는지 자유롭게 적어 보세요.

원리

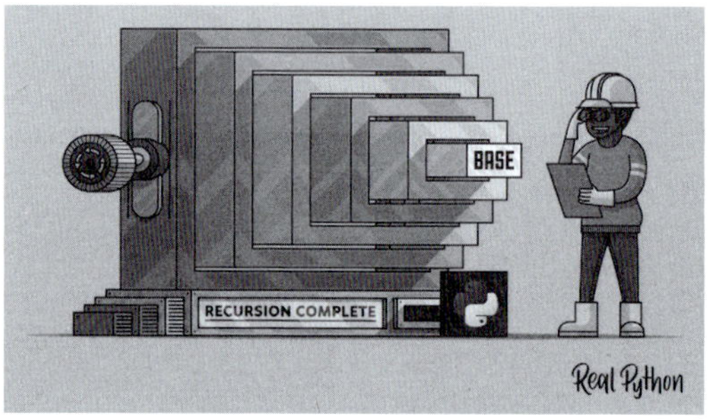

출처: https://realpython.com/python-thinking-recursively

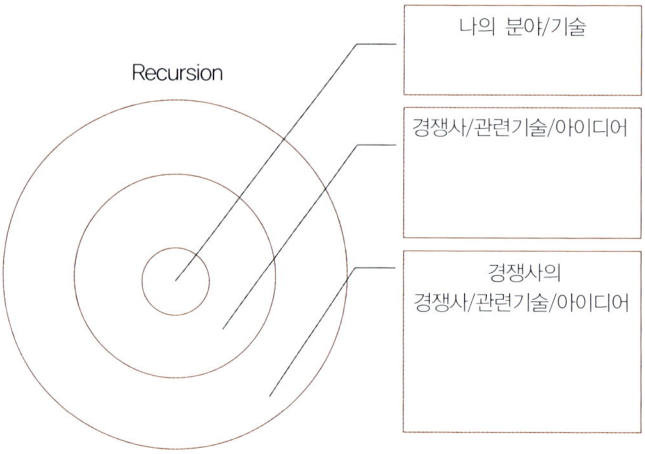

새로운 사업영역/아이템/아이디어

–
–
–
–

3 비전 만들기

1) 꿈과 비전

많은 사람들이 꿈과 비전을 혼용하여 써 왔지만 꿈과 비전은 서로 구별된다. 어렸을 때 "너는 꿈이 뭐니?"라는 질문을 받은 적이 있을 것이다. 이 질문은 나중에 커서 뭐가 되고 싶으냐는 의미로, 이 질문에 대답할 때 꼭 그렇게 되기 위한 구체적 계획이나 그렇게 되리라는 보장이 없는 상태로 대통령, 경찰, 과학자, 연예인이 되고 싶다는 등의 대답을 했을 것이다. 그런 꿈의 정의는 다음과 같다.

- 실현시키고 싶은 희망이나 이상
- 실현 가능성이 거의 없는 공상적인 소망

즉, 꿈은 실현 가능성이 있을 수도 있고 없을 수도 있다. 그러므로 꿈은 누구나 가질 수 있고 꿈을 이루지 못한다고 해서 책임이 따르는 것도 아니다. 그렇다면 비전은 어떨까? 아래 인용구는 비전이 꿈과 어떻게 다른지 잘 보여 준다.

- 행동 없는 비전은 꿈일 뿐이다. 비전 없는 행동은 단지 시간만 보낼 뿐이다. 행동이 있는 비전은 세상을 바꿀 수 있다(Barker, 1991).
- 비전은 반드시 그에 상응하는 행동을 수반한다. 그래서 어떤 형태로든지 결과가 초래된다는 의미에서 꿈과 차이가 난다(마가렛 대처).

위의 두 인용구에서 우리는 책임이나 행동이 반드시 수반되지 않아도 되는 꿈과는 달리 비전은 그것을 이루기 위한 행동과 그 결과에 대한 책임이 뒤따른다는 것을 알 수 있다. 이제 비전을 만드는 단계적인 방법을 통해 구체적인 비전을 세워보자.

2) 비전을 위한 질문

비전 제시 훈련을 위해 개인적인 비전을 만들어 보자. 생각해야 할 질문들은 다음과 같다.

(1) 나는 누구인가?
(2) 나의 장점이나 강점은 무엇인가?
(3) 나의 단점은 무엇인가?
(4) 나에게 즐겁거나 동기부여가 되는 일은 무엇인가?
(5) 돈의 유무를 떠나 내가 가장 하고 싶은 일은 무엇인가?
(6) 내가 가장 중요하게 생각하는 가치는 무엇인가?
(7) 내가 어떤 일을 하고자 할 때 현실적인 한계는 무엇인가?
(8) 그 한계들을 극복하기 위한 개인적인 방법이나 방안은 무엇인가?
(9) 내가 어떤 것을 이루겠다는 결심을 한 후 가장 먼저 해야 할 일은 무엇인가?
(10) 지금부터 앞으로 5년에서 10년이 지났을 때 나는 어떤 모습이길 희망하는가? 그 모습을 마음에 상상해 보라.

이렇게 상상한 모습을 간결하고 명확한 문장으로 적어보기 바란다. 기억할 것은 완벽한 비전은 없다는 것이다. 또한 우리는 인생의 시기와 경험에 따라 가치관이나 미래에 대한 생각이 달라질 수 있기 때문에 시기가 되면 비전을 수정하거나 새로운 비전을 세워야 할 필요가 있다.

3) 비전의 예시

다음은 두 대학생의 비전을 예시로 표현한 것이다. 각 예시를 읽고 비전을 성취하기 위해 어떤 세부 목표가 필요할지, 또 목표 달성을 위해 어떤 세부 전략이 필요할지 생각해 보자.

예시 1. 반도체 장비 전공 대학 신입생

졸업까지 나는 시스템반도체 분야 취업 경쟁력을 갖추기 위해 다양한 방법을 통해 이론과 응용 분야 전문지식을 습득하고 조직 생활에 요구되는 핵심 기술과 역량을 갖춘다.

먼저 예시 1의 비전을 위해서는 이론과 응용 분야 전문지식을 습득하는 방법으로 전공 분야 수업과 서적이나 잡지, 인터넷 등 다양한 미디어를 통한 신기술이나 제품 개발 소식 등을 따라잡는 등 구체적인 목표설정이 필요할 것이다. 또 취업 경쟁력을 위해 학점은 어떻게 관리할 것인지, 공모제나 인턴제 등을 어떻게 구체적으로 활용할 것인지, 어떤 자격증을 어떻게, 어떤 방법으로, 언제까지 취득할 것인지 등이 포함될 수 있다. 조직 생활에 요구되는 핵심 기술과 역량을 갖추기 위한 방법으로는 관련 교양 과목을 수강하거나 팀워크에 필요한 소양을 기르는데 필요하다고 생각되는 교내외 활동과 프로그램에 참가하는 등 여러 방법들을 고려해 볼 수 있다.

예시 2. 졸업을 앞둔 미디어영상제작학과 학생

여행 콘텐츠 기반 1인 미디어 크리에이터로서 앞으로 3년간 안정적인 구독자층을 확보하기 위해 사람들과 소통 능력을 기르며 나만의 콘텐츠 차별화 전략을 개발하여 이를 현실화할 수 있는 자질과 기술을 갖춘다.

예시 2는 콘텐츠 차별화 전략으로 국내 미개발 여행지를 발굴하는 것이 목표가 될 수 있고, 이를 위한 장비 구비와 드론 기술을 익히는 것도 목표가 될 수 있다. 그리고 방송을 위해 갖추어야 할 자질로 여행 콘텐츠 방송에 적합한 말투와 의상 등을 연구하는 것도 그 예가 될 수 있다. 이 비전이 성취된 후 새로운 비전을 설정할 때에는 해외 구독자를 확보하기 위한 방법으로 다국어

자막을 넣는다든지 이색 콘텐츠를 위해 사람들이 기존에 접해보지 않은 독특한 해외 여행지를 개발하고 체험하는 것도 포함될 수 있다.

이 장을 통해 우리는 불확실성의 시대에 필요한 리더십과 비전 제시에 대해 배웠다. 또 비전을 세우는 방법을 개인적인 비전의 예시를 통해 알아보았다. 비전에 대한 구체적인 목표설정 방법은 다음 장 '자기 주도성'에서 상세하게 다룰 것이다.

Try it out!

나의 비전을 만들어 보세요. 아래 질문에 답하면서 내가 원하는 것이 무엇인지 먼저 알아봅시다. 그리고 위의 예시 1과 2의 비전을 참고하여 각자 향후 5년이나 10년에 대한 비전을 세워 보세요.

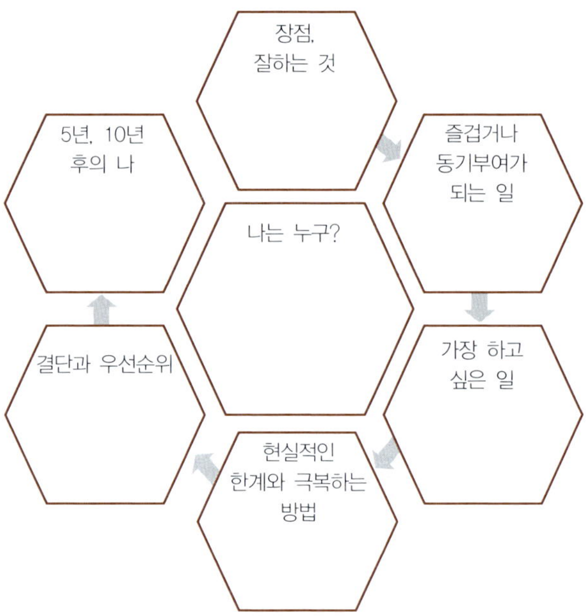

나의 비전

연습문제

1. 비전 파악하기

다음은 1963년 마틴 루터 킹 목사가 링컨 기념관 앞에서 한 연설의 일부분을 발췌한 것입니다. 킹 목사는 연설에서 '꿈'이라는 단어를 사용했지만 실제로는 그가 가지고 있던 '비전'을 의미합니다. 다음 발췌문을 읽으면서 반복되는 핵심 단어들과 킹 목사의 가치관이 드러나는 단어나 문장에 밑줄을 그어 보세요. 밑줄 친 부분을 참고하여 킹 목사의 비전을 한 문장으로 만들어 보세요.

Martin Luther King Jr.

나에게는 꿈이 있습니다. 언젠가 이 나라가 모든 인간은 평등하게 태어났다는 것을 자명한 진실로 받아들이고, 그 진정한 의미를 신조로 살아가게 되는 날이 오리라는 꿈입니다. 언젠가는 조지아의 붉은 언덕 위에 예전에 노예였던 부모의 자식과 그 노예의 주인이었던 부모의 자식들이 형제애의 식탁에 함께 둘러앉는 날이 오리라는 꿈입니다. 언젠가는 불의와 억압의 열기에 신음하던 저 황폐한 미시시피 주가 자유와 평등의 오아시스가 될 것이라는 꿈입니다. 나의 네 자녀들이 피부색이 아니라 인격에 따라 평가받는 그런 나라에 살게 되는 날이 오리라는 꿈입니다. 오늘 나에게는 꿈이 있습니다. 주지사가 늘 연방 정부의 조처에 반대할 수 있다느니, 연방법의 실시를 거부한다느니 하는 말만 하는 앨라배마주가 변하여, 흑인 소년 소녀들이 백인 소년 소녀들과 손을 잡고 형제자매처럼 함께 걸어갈 수 있는 상황이 되는 꿈입니다.

마틴 루터 킹의 비전

2. 리더십 약점 강화하기

나의 리더십 역량 중 강점과 약점은 무엇일까요? 리더십을 구성하는 여러 가지 역량 중 전문 역량, 인간관계 역량, 그리고 사고 역량을 점검해 봅시다. 결과 분석을 기초로 약점인 역량이 파악됐다면 그 역량을 강화시키기 위해 어떤 것들이 필요한지 생각해 봅시다.

문항	전혀 그렇지 않다	그렇지 않다	보통	그렇다	매우 그렇다
1. 내 전문 분야와 관련된 일을 하는 것이 즐겁다.	1	2	3	4	5
2. 다른 사람을 이해하는 데 능숙하다.	1	2	3	4	5
3. 나는 추상적인 아이디어와 관련한 일을 좋아한다.	1	2	3	4	5
4. 나에게 주어진 일을 수행하는 데 능숙하다.	1	2	3	4	5
5. 나는 협력하는 분위기를 조성하는 데 관심이 많다.	1	2	3	4	5
6. 나는 미래의 비전과 방향을 세우는 일이 쉽다.	1	2	3	4	5
7. 나에게 부여된 일의 기본적 수행 방법을 알고 있다.	1	2	3	4	5
8. 나는 다른 사람을 고려해서 의사결정을 한다.	1	2	3	4	5
9. 조직 성장을 위한 전략을 세우는 일을 좋아한다.	1	2	3	4	5

전문 역량 (1+4+7번 합)	인간관계 역량 (2+5+8번 합)	사고 역량 (3+6+9번 합)
나의 점수 ______________	나의 점수 ______________	나의 점수 ______________
8점 이상: 자신에게 주어진 일에 대하여 전문지식과 기술을 갖춘 사람이다. 자신에게 주어진 일을 어떻게 하는지 잘 알고 있어서 수행 성적이 높다. 7점 이하: 자신에게 주어진 일을 어떻게 하는 것이 효율적인지 필요한 지식과 방법을 익히자.	8점 이상: 다른 사람과의 관계를 원만하게 할 수 있는 탁월한 능력이 있다. 사람들과 잘 소통하고 문제없이 지내며 조직 생활의 즐거움을 누릴 수 있다. 7점 이하: 다른 조직원들과 개방적으로 소통하고 그들에게 좀 더 관심을 기울이자.	8점 이상: 조직의 비전이나 앞으로 나가야 할 방향등 '큰 그림'을 그리는 능력이 탁월하다. 조직에서 리더십을 발휘할 수 있는 역량의 소유자. 7점 이하: 조직의 문제를 좀 더 통합적이고 장기적인 관점에서 바라보는 능력을 기르자

출처: IBK기업은행 웹진(2020.10) 기반 재구성.

나의 약점	강화 방법

3. 그룹활동: 화성 이주 프로젝트

인류는 핵전쟁과 기후 변화의 위협으로 고통받고 있습니다. 이제 더 이상 지구에서 인류가 삶을 유지하는 것이 힘들게 될지도 모릅니다. 아래 기사와 가상 시나리오를 읽고 그룹 활동을 해 봅시다.

"지구종말시계, 남은 시간은 90초"

전 세계 소셜미디어와 변화무쌍한 인터넷 세상에서 어떤 이슈와 영상들이 누리꾼의 주목을 받았을까요? 첫 번째는 올해도 어김없이 '지구 종말 시계'가 인류 멸망까지의 시간을 발표했는데요. 우리에게 남은 시간을 얼마나 될까요?

현지시간 23일 미국 핵과학자회가 '지구 종말 시계'의 바늘을 2년 연속 자정 90초 전으로 설정했다고 밝혔습니다. 인류 멸망까지 남은 시간을 상징적으로 보여주는 '지구 종말 시계'는 1947년 미국 핵과학자회가 핵전쟁의 위협 등을 경고하기 위해 만들었는데요. 인류 최후의 날을 자정으로 설정하고, 해마다 남은 시각을 발표해 왔습니다.

처음 자정 7분 전에서 시작한 이 시계는 지난해 90초 전까지 앞당겨졌고요. 올해는 전년도와 동일하게 유지됐는데요.

이에 대해 미국 핵과학자회 측은 지구 상황이 안정됐다는 의미가 아니라며 여전히 전 세계 분쟁 지역에서 핵전쟁의 위협이 도사리고 있고 기후 변화 문제와 인공지능 AI, 유전 공학 같은 파괴적인 기술의 발전 역시 위험 요소로 작용하고 있다고 덧붙였습니다.

출처: KBS 뉴스 뉴스광장(2024. 1. 25).

가상 시나리오

인류는 오래전부터 화성 이주를 계획해 왔고 이제 이주에 필요한 모든 여건이 조성되었습니다. 국제 협약에 따르면 각국은 1, 2, 3차에 걸쳐 3~5년 간격으로 각 100명씩, 총 300명의 초기 이주민을 화성에 보내기로 되어 있습니다. 여러분은 국제 화성 이주 프로젝트에 한국 대표로 선출된 두뇌 집단으로 한국인 이주민을 선발해야 합니다. 이 이주민들은 화성에서 다른 커뮤니티와 상생, 협력하면서 새로운 사회를 만들어야 하는 책임을 지게 됩니다.

1) 화성 이주 프로젝트의 비전을 만들어 봅시다. 한국인 이주민들이 다른 커뮤니티와 어떻게 상생과 협력을 하면서 화성에 새로운 국제 사회를 만들어 나갈지 1, 2, 3차에 걸쳐 점진적인 비전을 만들어 보세요.

■ 화성 한국 이주민 사회의 비전

1차	
2차	
3차	

2) 각 이주민 그룹을 어떤 역량이나 직업을 가진 사람들로 어떻게 구성할지, 또 어떤 임무를 부여할지 토론해 보세요.

■ 화성 한국 이주민 구성원의 직업/역량/임무

	직업	역량	임무
1차			
2차			
3차			

CHAPTER

07 자기 주도성

학습목표

자기 주도성의 개념을 파악하고 이를 목표 설정에 적용할 수 있다.

1. 자기 주도성 학습을 통해 셀프 리더십 전략을 세울 수 있다.
2. 미션, 비전, 목표를 구별하고 그 차이점을 말할 수 있다.
3. 목표설정전략을 이해하고 개인의 목표와 조직의 목표를 세울 수 있다.

들어가기 전에

1. 다음을 읽고 개인적으로 표를 작성하고 토론해 봅시다.

1) 지금 현재 학생으로서 여러분의 목표는 무엇입니까? 그 목표를 위해 여러분은 시간과 에너지를 어떻게 쓰고 있습니까? 하루, 일주일, 한 달, 또는 1년 단위로 실제 목표를 위해 지금 현재 하고 있는 일을 기록해 보세요.

Day	Week	Month	Year

2) 위에 적어본 결과 여러분은 목표를 위해 시간과 에너지를 잘 쓰고 있습니까? 그렇다면 시간과 노력을 더 효율적으로 쓰기 위해 오늘부터 실제로 실천할 수 있는 것이 무엇인지 방법을 적어봅시다. 하나라도 좋으니 할 수 있는 범위 내에서 결정하세요. 그리고 자신의 계획을 다른 사람에게 얘기하고 공유하세요.

✔

✔

✔

2. 자신에게 정직하게 아래 질문들에 답해 보세요.

1) 지금까지 살아오면서 한 일에 대해 후회하거나 하지 않은 일에 대해 후회한 적이 있습니까? 초중고 시절이었을 수도 있고 가장 최근으로는 대학 생활을 하면서 겪었던 일일 수도 있습니다. 반드시 큰 사건일 필요는 없으며 일상적으로 겪었던 일일 수도 있습니다. 다음의 표를 보고 그것이 무엇인지 분석해 보세요.

사건이나 상황	문제나 장애물	문제나 장애물을 일으킨 원인

2) 이제 자신에게 초점을 맞춰봅시다. 만일 내가 그때로 돌아간다면 나에게 부족했던 부분은 무엇이었는지 생각해 보세요. 어떤 자질이나 습관이나 노력이 있었더라면 그 사건이나 상황의 결과를 뒤바꿀 수 있었을까요?

✔
✔
✔

3) 미래에 같은 경우나 순간을 마주한다면 나는 구체적으로 어떻게 대처할 것인가 생각해 보세요. 주변의 사람들이나 내가 활용할 수 있는 다른 자원들이 있다면 어떻게 이들을 활용할 것인지 적어 보세요.

✔
✔
✔

1 자기 주도성

중고등학교 시절을 생각해 보자. 입시경쟁 속에서 대학에 진학하기 전까지의 시간을 거의 짜인 스케줄대로 살았을 것이다. 아침부터 저녁까지 정해진 시간표대로 움직이고 과제도 해야 하는 일이므로 시간 내에 제출하고 점수를 받았을 것이다. 대학 수업도 크게 다르지는 않다. 중요한 것은 이 짜여진 일정 안에서 주어진 일정과 해야 할 일에 어쩔 수 없이 끌려가면서 살고 있는가, 아니면 내가 내 삶의 비전과 목표를 위해 주도적으로, 능동적으로 살고 있는가이다. 바로 자기 주도성의 문제이다. 자기 주도성의 의미는 다음과 같다.

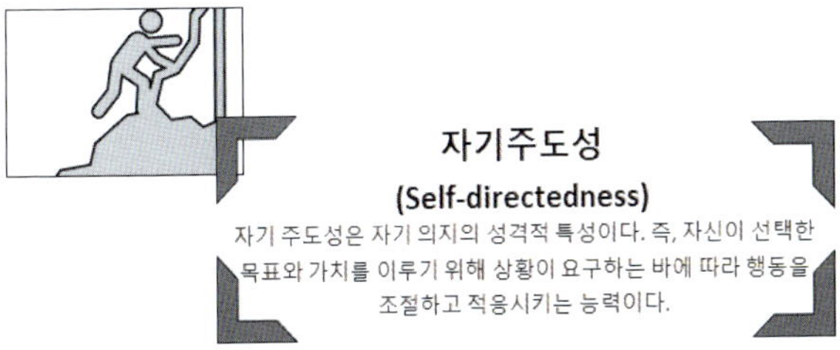

출처: Cloinger, Svrakic, & Przybeck(1993).

위와 같이 자기 주도성은 상황과 맞물려 있다. 먼저 목표를 세우고 목표를 이루기 위해 상황이 요구하는 것이 무엇인지 파악하고 그것을 기반으로 자신의 행동과 습관을 조절하는 것이다. 자기 주도성의 성격적 특성으로서 5가지 하위요소가 있다.

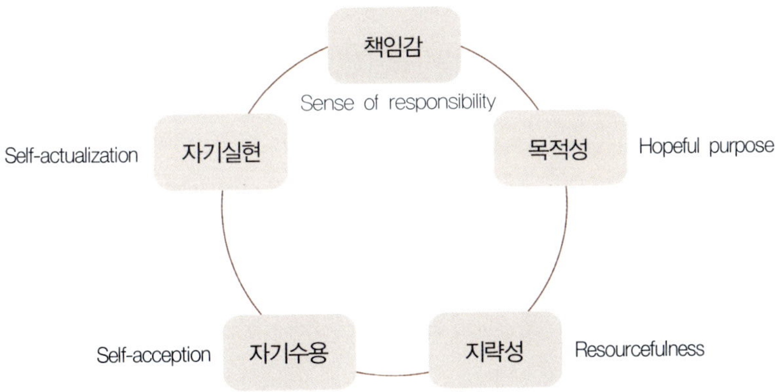

그림 7-1 자기 주도성의 5가지 하위요소

출처: Cloninger(2004). 자기 주도성 하위요소 내용 기반 재구성.

1) 자기 주도성 점검

다음의 표는 자기 주도성의 하위요소를 상세히 설명한 것이다. 읽으면서 각자 자신에게 해당하는 부분에 체크하면서 나의 성향에 적용해 보자.

표 7-1 자기 주도성의 하위요소

자기 주도성이 높은 사람	요소 ↕ 반대요소	자기 주도성이 낮은 사람
□ 나는 내가 하고 싶은 일을 자유롭게 선택한다. □ 나는 나의 태도와 행동에 대해 책임을 진다.	책임감 ↕ 책임전가	□ 나에게 일어나는 일은 다른 사람이나 상황 때문이다. □ 나의 태도, 행동, 선택은 내가 통제할 수 없거나 나의 의지에 반한 영향력에 의해 결정된다.
□ 나는 내 삶에 대한 확실한 의미와 방향이 있다. □ 나는 목표 달성을 위해 만족은 나중으로 미룬다.	목적의식 ↕ 방향결핍	□ 나는 내 삶의 방향, 목적, 의미를 찾기가 어렵다. □ 나는 장기적 목표가 확실하지 않고 현재의 상황과 요구에 쫓긴다.
□ 나는 문제 해결을 위해 내가 가진 능력이나 주위의 자원을 활용할 수 있다. □ 나는 어려운 상황을 도전이나 기회로 여긴다.	지략성 (유능감) ↕ 타성 (무력감)	□ 나는 장애물이 있을 때 그것을 해결할 능력이나 자신감이 없다. □ 나는 다른 사람이 문제를 해결해주기를 기다린다.
□ 나는 나의 강점과 한계를 알고 받아들인다. □ 나는 훈련과 노력을 통해 한계를 극복하려고 노력한다. □ 나는 나의 마음의 상태와 외모가 만족스럽다.	자기수용 ↕ 자기불만	□ 나는 자존감이 낮은 편이다. □ 나는 나의 마음의 상태와 외모에 만족할 수 없다. □ 나는 중요성, 외모, 부 등에 있어 실제의 나보다 더 나은 사람인 척하거나 환상을 품는 경향이 있다.
□ 나는 목표에 적합한 습관을 기르고 이 습관들이 장기적 가치와 목표에 맞게 저절로 발휘되게 할 수 있다. □ 나는 자기훈련과 반복을 통해 이 습관들이 저절로 발휘되게 만든다. □ 나는 나의 우선순위를 알고 있으며 유혹을 받는 환경에서도 나는 안전하며 나를 믿는다.	자기실현 ↕ 나쁜습관	□ 나의 습관은 일관성이 없고 오히려 목표 성취하는 것을 어렵게 만든다. □ 사람들은 나를 자기 패배적이고 의지가 약하다고 생각한다. □ 나는 안 좋은 결과 때문에 힘들어할 것을 알면서도 강한 유혹을 견뎌내기 힘들다.

출처: Cloninger 외(1993); Garcia 외(2017)의 기질과 성격 검사 기반 재구성.

위와 같이 자기 주도성이 높은 사람에게는 자기 통제(self-regulation)와 자율성(autonomy)이 특징으로 나타난다. 반면 자기 주도성이 낮은 사람은 자신을 제어하는 능력이 부족하고 수동적이다. 나의 주도성이 높다면 자기 주도성을 더 개발하기 위한 어떤 방법이 있을까? 낮은 쪽이라면 자기 주도성을 어떻게 높일 수 있을까?

2) 자기 주도성과 셀프 리더십

자기 주도성과 리더십은 많은 관련이 있다. 앞 장에서 살펴본 대로 미래에는 전통적인 조직의 고용형태와 달리 환경 변화에 따라 다양한 고용형태가 증가할 것으로 예상된다. 또 전통적인 노동 시간과 공간 개념이 해체되면서 사무실로 매일 출근하지 않고도 본인이 원하는 곳에서 업무 처리를 할 수 있게 될 것이다.

이에 따라 근무시간은 구성원 개개인이 가장 큰 업무 효율성을 발휘할 수 있도록 자율적으로 결정할 수 있게 될 것이다. 현재에도 이러한 근무형태가 가능하지만, 앞으로는 이러한 추세가 더욱 가속화되고 일반적이 될 것으로 보인다.

이러한 미래의 업무 처리 모습을 상상해 봤을 때 미래의 조직 구성원들에게 가장 필요한 자질들은 무엇이라고 예상되는가? 바로 자기 통제 능력과 자율성이다. 다시 말해 상사의 감시나 통제가 없이도 스스로 업무를 위한 자발적인 습관들을 만들어 내는 것이 중요하다. 즉, 내가 나 자신을 리드하는 리더십이 요구된다. 다음의 인용구를 통해 셀프 리더십이 무엇을 의미하는지 알아보자.

표 7-2 셀프 리더십

플라톤(1804)	가장 우선이자 가장 위대한 승리는 자기 자신을 정복하는 것이다.
Manz(1983)	셀프 리더십은 자신을 이끄는 것에 관해 포괄적으로 자기 자신에게 영향력을 행사하는 관점이다.
Drucker(2010)	셀프 리더가 된다는 것은 자기 인생의 최고 책임자, 선장, 또는 CEO의 역할을 하는 것이다.
Bryant & Kazan(2012)	셀프 리더십은 자신의 목표를 위해 자신의 사고, 느낌, 행동에 의도적으로 영향을 미치는 일상적 행위이다.

〈표 7-2〉의 정의를 통해 우리는 셀프 리더십이 자기 주도성을 그대로 나타낸다는 것을 알 수 있다. 그렇다면 자기 주도성을 개발하기 위해 셀프 리더십 전략들을 알아보고 그 전략들을 내 삶에 적용해 보자.

3) 자기 주도성 개발을 위한 셀프 리더십 전략

자기 주도성은 자기 주도 학습(self-directed learning)을 중심으로 연구되고 적용되어 왔으나 여기서 우리는 미래 사회의 구성원으로서 자기 주도성을 셀프 리더십에 변경 적용해 본다. 내가 나 자신의 리더가 되기 위한 필수적인 요소인 자기 주도성은 전략과 훈련을 통해 개발될 수 있다. 다음의 도표는 셀프 리더십의 요소들을 설명하고 각각의 영역을 개발하기 위해 어떤 전략이 필요한지를 보여준다.

표 7-3 셀프 리더십 전략

영역	하위요소	내용
행동중심전략 (Behavior-focused strategies)	자기관찰(self-observation)	자신의 행동 관찰, 정보수집
	자기목표설정(self-goal setting)	구체적인 목표 설정
	자기보상(self-reward)	목표한 결과를 성취했을 때 자신에게 적절한 보상
	자기처벌(self-punishment)	목표한 결과를 이루지 못할 시 자기 비판과 처벌, 지나치면 부정적 효과 유발
	자기단서(self-cueing)	실행을 장려하는 문구 등을 통해 동기부여 환경 조성
건설적 사고 전략 (Constructive-thought strategies)	신념 체계(belief system)	부정적인 신념이나 가정을 건설적인 사고체계로 전환
	내적인 상상력(mental imagery)	업무 수행 전 성공적으로 해내는 모습 상상
	자기 대화(self-talk)	부정적, 비관적 자기대화를 긍정적인 내적 대화로 전환
자연적 보상 전략 (Natural reward strategies)	자연적 보상(natural reward)	일의 힘든 부분으로부터 즐거운 면이나 보상을 주는 면으로 시선을 돌려 이를 통한 내적 동기 유발

출처: Manz(1983); Manz & Neck(2004)의 기반 요약 재구성.

이 중 나의 자기 주도성 개발을 위해 현재 목표나 계획에 사용하고 있는 전략이나 또는 효과가 있을 것 같은 전략이 있는가? 나의 생각과 사고부터 시작해도 좋다. 건설적 사고 전략을 예로 들어 보자. 우리는 일상생활을 하면서 끊임없이 나 자신과 싸운다. 불안감, 우울, 자기 패배감 등 부정적인 상념과 생

각들이 나를 지배한다. 그럴 때 신념 체계(belief system)를 바꿔보자. 할 수 없다는 생각보다 할 수 있는 작은 것부터 시작해서 이루어 내겠다는 긍정적인 방향으로 생각을 바꾸는 것이다. 나는 할 수 있는 사람이라고 자기 대화(self-talk)를 통해 나 스스로에게 용기를 주는 것이다. 그리고 목표했던 것을 해 냈을 때 자신을 충분히 칭찬하고 격려하라. 나를 이기는 것, 그것이 자기 주도성을 개발하기 위한 셀프 리더십의 기본이다.

Try it out!

각자가 현재 가지고 있거나 세울 예정인 아주 간단한 목표를 하나 생각해 보세요. 그 목표를 위해 〈표 7-3〉의 셀프 리더십 전략들 중 자신에게 효과적일 것 같은 전략과 실천 방법을 구체적으로 적어봅시다. 기록한 것을 나 자신과의 약속으로 삼고 오늘부터 실천해 봅시다.

나의 목표

나의 전략	실천 방법

2 비전, 미션, 목표

앞선 장에서 우리는 '비전 제시'에 대해서 배웠다. 개인이나 조직의 비전은 미래에 대한 구체적 계획과 방향을 내포하고 있어야 한다. 이번에는 목표에 대해 접근해 보도록 하자. 먼저 미션, 비전, 목표의 차이점을 알아보고 각자 가지고 있는 비전에 대한 목표를 설정할 때 어떻게 실천적으로 접근할 수 있는지 알아보자.

1) 미션, 비전, 목표의 정의

미션, 비전, 목표 이 3개의 단어들은 기업의 경영뿐만 아니라 우리 개개인의 삶에도 같은 의미로 적용될 수 있다. 각 단어의 뜻을 살펴보면서, 특히 비전과 목표의 차이점을 주의 깊게 보기 바란다.

표 7-4 미션, 비전, 목표

미션	• 개인이나 기업, 또는 조직이 존재하는 이유나 목적 • 어떻게 이익을 내는가 보다는 왜 이익을 내려고 하는지 동기를 설명 • '우리는, 또는 나는 누구인가'에 대한 대답
비전	• 미래에 대한 그림이며 그 그림에 대한 계획 • 개인이나 기업의 핵심가치에 기반을 둔 구체적 계획과 방향 • 5~10년 장기적으로 설정, 선택과 행동과 책임이 뒤따름
목표	• 비전을 실현하기 위해 성취하기를 원하는 세부 계획 • 비전을 위해 일정한 과정을 거쳐 시간적인 제한을 두고 이루려고 하는 일 • 비전에 맞게 재설정 가능

출처: 국어사전, Cambridge 사전, 그 외 사이트(https://www.entrepreneur.com/encyclopedia/mission-statement) 기반 내용 재구성.

위에서 보는 것처럼 미션, 비전, 목표로 이어지면서 개념이 점점 더 세분화되는 것을 볼 수 있다. 미션이 개인이나 기업의 정체성을 나타내는 것임에 비해 비전은 미래에 대한 구체적인 방향과 계획을 내포한다. 그리고 목표는 그 비전을 성취하기 위한 전략, 즉 구체적인 수단이나 방법과 함께 수립된다.

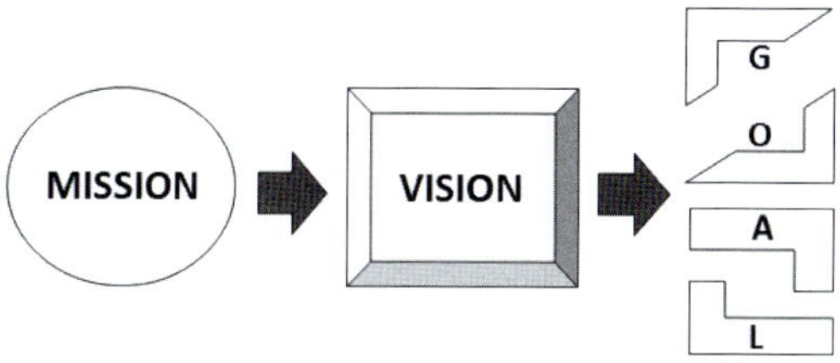

2) 미션, 비전, 목표의 구별

미션은 개인이나 조직의 존재 이유나 정체성을 나타내며, 비전은 보통 5년에서 10년을 주기로 하여 미래에 대한 방향과 계획을 제시한다. 그리고 목표는 비전을 이루기 위한 수단과 방법을 구체적으로 제시한다. 목표는 달성 정도를 구체적인 숫자로 나타내는 객관적 정량적 지표와, 달성 정도를 주관적으로 나타내는 정성적 지표로 나뉜다.

예를 들어, 졸업 후 5년 내로 1인 미디어 크리에이터가 되기 위한 비전을 가진 학생이 '1년 동안 정기적으로 영상을 업로드하여 초기 구독자 층을 확보한다'를 목표로 세웠다면 이는 정성적 목표가 될 것이고, '1년 동안 주 1회 영상 업로드를 통해 3,000명의 구독자를 확보한다'는 정량적 목표가 될 것이다. 이와 같이 정량적 목표는 우리가 목표치에 얼마만큼 이르렀는지를 더 쉽게 알 수 있게 해 준다. 그러나 수치로 나타내기 힘든 목표의 경우에는 정성적 지표가 유용할 것이다. 이 기본 개념을 이해하고 다음의 예시 문장들을 미션, 비전, 목표로 구분해 보자.

표 7-5 미션(M), 비전(V), 목표(G)의 구별

No.	출처	문장	M, V, G
1	삼성	2030년까지 시스템 반도체 세계 1위 (2019년 발표)	
2	네이버	5년 내 글로벌 이용자 10억 확보 및 매출 15조 달성 (2022년 발표)	
3	마이크로소프트	지구상의 모든 사람과 조직이 더 많은 것을 성취할 수 있도록 역량을 지원한다.	
4	아마존	AI 분야 인력 확보를 위해 2025년까지 'AI 레디' 교육 프로그램을 통해 최소 200만명에게 AI 교육을 제공한다. (2023년 발표)	
5	애플	혁신적인 하드웨어, 소프트웨어, 서비스를 통해 고객에게 최고의 사용자 경험을 제공한다.	
6	대한민국정부	2030년까지 온실가스 배출량 2018년 대비 40% 감축 위해 연도별, 부문별 감축 목표 상향 및 하향 (2023년 발표)	

※ 미션 – 3, 5/비전 – 1, 2/목표 – 4, 6

3번과 5번은 회사나 조직의 존재의 이유, 또는 정체성을 나타내므로 미션이다. 즉, 이익 활동을 한다면 왜 이익 활동을 하는가에 대한 동기를 설명하고 있다. 1, 2번은 미래에 대한 방향성과 그에 따른 목표가 뒤따라오기 때문에 비전이다. 1번은 이 회사가 2019년 발표한 '2030 반도체 비전'이다. 2030이라는 기한 때문에 목표와 혼동하기 쉬우나 비전은 일반적으로 5년에서 10년의 주기로 설정되므로 단기적으로 세우고 성취되는 목표보다는 장기적인 비전에 가깝다. 2번의 경우도 2022년 발표 당시 향후 5년에 대한 계획이므로 비전이라고 할 수 있다.

마지막으로 4번과 6번은 목표로, 비전을 성취하기 위한 수단과 방법, 즉 전략을 함께 제시하고 있다. 6번은 "상향 및 하향"이라는 정성적 표현을 사용하고 있지만 연도별, 부문별 감축 목표를 별도로 기본 계획안에 기술하고 있다. 이처럼 정성적 목표와 정량적 목표는 상호 보완적으로 사용될 수 있다.

Try it out!

다음은 여러 회사들의 미션입니다. 모두 해외에 기반을 둔 회사들이지만 우리에게 잘 알려져 있는 회사도 있고 그렇지 않은 회사도 있습니다. 회사와 그에 맞는 미션을 연결해 보세요. 모르는 회사명은 영문명을 보고 어떤 회사인지 추론해서 그에 맞는 미션을 찾아보세요.

회사명	미션
LinkedIn	● 사람들을 진짜 음식과 연결시켜 더 건강한 지역사회를 고무시킨다.
X (구 Twitter)	● 지속 가능한 에너지로의 세상의 전환을 가속화한다.
TripAdvisor	● 전 세계 사람들이 완벽한 여행을 계획하고 경험할 수 있게 돕는다.
Tesla	● 모든 이들에게 즉시, 장벽 없이 아이디어와 정보를 만들고 공유할 수 있는 힘을 부여한다.
Sweetgreen	● 세계의 전문가들을 연결시켜 그들을 더욱 생산적이고 성공할 수 있도록 만든다.

3 SMART 목표 설정

이제 각자의 비전에 따른 목표를 설정해 보도록 하자. 목표를 세우는 데 있어 우리가 유용하게 활용할 수 있는 SMART 목표설정 방법이 있다. SMART는 각 낱말의 맨 처음 글자를 모아서 만든 줄임말이다. SMART 목표 설정 방법을 통해 우리는 목표를 수치화할 수 있으며 실행해 나가는 과정에서 목표치에 얼마나 접근했는지 또는 얼마나 벗어났는지를 가늠할 수 있다.

1) SMART의 의미

SMART의 목표설정은 목표를 구체적으로 만들어서 이를 달성하기 위한 명확한 프로세스를 세우는 5가지 기준을 만드는 방법이다. SMART의 각 알파벳에 해당하는 단어는 여러 가지가 있다. 〈표 7-6〉은 그 중 가장 많이 쓰이는 대표 단어와 그 외 단어를 보여준다.

표 7-6 SMART가 의미하는 단어

글자	대표 단어	그 외 단어
S	Specific (구체적인)	Simple (간단한) Sensible (현명한) Significant (중요한)
M	Measurable (측정 가능한)	Meaningful (의미 있는) Motivating (동기를 부여하는)
A	Achievable (달성할 수 있는) Attainable (획득할 수 있는)	Acceptable (받아들일 수 있는) Accountable (책임을 지는) Action-oriented (행동 지향적인)
R	Realistic (현실적인) Relevant (연관성 있는)	Reviewable (검토 가능한) Rewarding (보상을 주는) Reasonable (합리적인)
T	Time-bound (기한이 있는)	Time-sensitive (시간에 민감한) Tangible (분명한) Truthful (진실된)

출처: Rubin(2002) 기반 재구성.

2) SMART 목표설정 예시

다음의 두 예시를 보고 더 상세하게 SMART 목표 설정 방법을 알아보도록 하자. 특히 두 번째 예시를 SMART에 기초하여 분석해 보기 바란다.

- 올해 나는 건강을 위해 꾸준히 운동을 할 것이다.
- 올해 나는 매월 최대 1kg씩 총 10kg 감량을 목표로 주 3회 1시간씩 조깅을 할 것이다.

첫 번째 목표는 구체적이지 못하다는 것을 알 수 있다. 일단 목표에 대한 수치가 기술되어 있지 않다. '건강'은 너무 광범위하고 '꾸준히'라는 단어도 주관적이다. '운동'도 마찬가지로 어떤 운동인지 불확실하다. 또한 목표를 이루기 위한 수단이나 방법 등도 부재하다.

두 번째 목표는 첫 번째 목표보다 훨씬 더 구체적이다. 먼저'매월 최대 1kg'라는 월별 목표 수치를 제시하여 최종 목표치 10kg 감량에 얼마나 근접했는지를 측정할 수 있게 해 준다. 또한 '최대'라는 단어는 도전 정신을 고취시키고, 매월 목표치인 1kg 감량에 약간 못 미치더라도 어느 정도 여유를 허용하면서 1년 목표치에 도달할 수 있도록 동기를 부여해 준다. 그리고 목표에 이르기 위한 수단으로서 '조깅'을 구체적으로 언급했다. '주 3회 1시간'은 자신의 일정과 에너지를 고려하여 설정하였다면 현실적인 목표이다. '매월'이나 '1년'과 같은 시간 표현은 기한을 정해줌으로써 단기 목표와 장기 목표를 기한 내에 달성할 수 있도록 추진력을 갖게 해 준다.

이처럼 SMART 목표 설정 방법을 활용하면 목표를 구체적으로 만들 수 있다. 목표는 또한 수행 과정 중에 여러 가지 변수가 생길 수 있기 때문에 상황과 필요에 따라 조정할 수 있다. 예를 들어 위의 두 번째 예시에서 주 3회 1시간의 여유가 안 된다면 이에 따라 회수나 시간, 목표 감량치를 수정할 수 있을 것이다. 그러나 너무 낮은 목표나 잦은 목표 수정은 동기를 떨어뜨릴 수 있기 때문에 목표는 자신의 능력이나 한계치보다 조금 더 높게 설정하여 도전이 되면서도 성취가능하게 만드는 것이 중요하다.

3) SMART 목표설정 적용: 개인

위에서 학습한 SMART 목표 설정 방법을 적용해 보자. 먼저 개인적인 비전에 대한 목표를 세워본다. 아래는 지난 6장에서 살펴본 두 대학생의 비전과 회사에 막 취업한 사회 초년생의 비전이다. 목표 설정 시 고려해야 할 것들을 먼저 읽고 비전을 분석한 다음 SMART 기법을 활용하여 목표를 설정해 보자.

(1) 비전 분석하기
(2) 대략적인 목표 추출하기
(3) 목표의 우선순위 정하기
(4) 각 목표 달성에 필요한 자원 (시간, 돈, 인적자원, 물적자원)
(5) 부족한 자원의 확보 방법
(6) SMART 기법을 활용하여 문장으로 표현하기

예시 1. 반도체 장비 전공 대학 신입생

졸업까지 나는 시스템반도체 분야 취업 경쟁력을 갖추기 위해 다양한 방법을 통해 이론과 응용분야 전문지식을 습득하고 조직 생활에 요구되는 핵심 기술과 역량을 갖춘다.

목표 1	
목표 2	
목표 3	

예시 2. 졸업을 앞둔 미디어영상제작학과 학생

여행 콘텐츠 기반 1인 미디어 크리에이터로서 앞으로 3년간 안정적인 구독자 층을 확보하기 위해 사람들과 소통 능력을 기르며 나만의 콘텐츠 차별화 전략을 개발하여 이를 현실화 할 수 있는 자질과 기술을 갖춘다.

목표 1	
목표 2	
목표 3	

예시 3. 식자재 수출 회사 해외 영업부에 취업한 사회 초년생

글로벌 비즈니스 환경에서 경쟁력을 갖추기 위해 앞으로 3년간 전문 분야에 대한 지식과 글로벌 역량을 기른다.

목표 1	
목표 2	
목표 3	

4) SMART 목표설정 적용: 조직

이번에는 SMART 목표설정 기법을 조직에 적용해 본다. 아래 예시는 조직이나 팀의 현재 상태를 나타내며 앞으로 추진해야 할 내용들을 담고 있다. 앞으로 5년에 해당하는 비전을 세우고 그에 대한 목표를 설정해 보자.

예시 1

A사는 만두를 직접 생산하는 공장을 갖춘 중소기업으로 주로 국내 시장에 제품을 공급해 왔다. 그러나 인구 감소로 인해 국내 시장의 매출이 점점 줄어들면서 새로운 시장을 개척해야 하는 상황이다. 그 대책으로 A사는 해외 시장 진출에 주목하고 있다. 현재 해외 만두 시장은 대기업인 C사가 압도적인 점유율을 보이고 있는데, 특히 미국 시장에서는 점유율이 거의 50%에 육박하고 있다.

비전	
목표 1	
목표 2	
목표 3	

예시 2

차 동아리 활동을 통해 알게 된 5명의 직장인들이 카페 창업을 계획하고 있다. 이들은 고령화에 따른 인구 변화에 주목하여 젊은 층을 대상으로 하는 카페보다는 안락한 노후를 즐기고자 하는 은퇴 세대를 대상으로 수익 모델을 구상 중이다. 또한 고객들의 일상에 파고들 수 있는 다양한 활동을 제공하고 지역 사회와의 상호작용을 통해 사회적 가치 창출에도 기여할 계획이다.

비전	
목표 1	
목표 2	
목표 3	

이 장을 통해 우리는 미래의 직업 세계에 필수적인 요소인 자기 주도성을 살펴보았다. 그리고 자기 주도성을 셀프 리더십과의 관계에 있어서 파악해 보고 자기 주도성을 개발하기 위한 전략들은 무엇인지, 또 목표를 설정하는 구체적 방법으로써 SMART 목표 설정을 예시와 사례를 통해 이해하고 접근해 보았다. 이 장에서 다룬 비전에 따른 실제적인 목표를 세우는 방법을 통해 작은 목표부터 설정하고 시도해 보면서 자기 주도성을 잘 훈련시켜 나가길 바란다.

Try it out!

비전에 다다르기 위해 우리는 일련의 목표를 세우고 하나씩 목표를 성취해 나갑니다. 나의 비전에 따라 SMART 목표를 작성해 봅시다. 위의 〈표 7-6〉 SMART가 의미하는 단어 표에 나와 있는 단어 중 자신에게 가장 맞는 단어를 골라 적용해 보세요. 목표 작성 후 본인이 세운 목표가 SMART 목표설정 방법에 왜 적합한지 이유를 설명하세요.

나의 비전	
목표 1	

선택한 단어	나의 목표가 SMART 목표설정 방법에 왜 적합한가?
S________	
M________	
A________	
R________	
T________	

연습문제

1. 나의 행동 유형

나의 행동 유형을 알아봅시다. DISC 행동유형 간단 검사(Marston, 1928; Prochaska, Sampayo, & Carter, 2015)를 통해 진단하세요. 각 단어의 옆에 해당하는 점수를 쓰고 맨 아래에 합계를 내세요.

[검사 전에 알아두어야 할 것][1)]

✔ 모든 유형은 긍정적이며 각자 의미 있는 방식으로 세계와 인간의 삶에 기여한다.

✔ 자신의 핵심적인 기질을 바꾸려고 하지 말자.

✔ 사람은 상황에 따라 유형을 바꾸어 상황에 적응하는 능력이 있다.

✔ 사람을 한 가지 유형으로 정의할 수 없으며 어떤 성향이 더 높거나 낮을 수 있다.

〈DISC 행동 유형 간단 검사〉

4-매우 그렇다, 3-그렇다, 2-그렇지 않다, 1-매우 그렇지 않다

No.	D	I	S	C
1	자기주장이 강한__	즐거운__	배려하는__	신중한__
2	단호한__	열정적인__	너그러운__	객관적인__
3	자신감 있는__	낙천적인__	인내심 있는__	분석적인__
4	결정이 빠른__	말솜씨가 있는__	잘 들어주는__	완벽을 추구하는__
5	대담한__	융통성 있는__	양보하는__	계획적인__
6	적극적인__	호감을 주는__	협조하는__	자제하는__
7	경쟁적인__	친화력이 좋은__	일관성 있는__	논리적인__
8	감정에 둔감한__	말이 많은__	변화를 꺼리는__	위험을 회피하는__
9	독선적인__	충동적인__	우유부단한__	냉정한__
10	귀를 기울이지 않는__	마무리가 부족한__	감정에 치우치는__	비판적인__
합계				

25점: 행동 경향성 기준 / 30점 이상: 높은 행동 경향성 / 20점 이하: 낮은 행동 경향성

출처: 한국방송통신대학교(ep.knou.ac.kr).

1) http://aiselftest.com/disc/index.html 재구성.

[분석]

주도형(Dominant)

- ✓ 도전을 받아들인다.
- ✓ 빠른 결정을 하고 빠르게 일을 진행한다.
- ✓ 빠른 결과를 얻기 원한다.
- ✓ 행동을 개시한다.
- ✓ 현 상태에 대해 문제를 제기한다.
- ✓ 권위를 휘두른다.
- ✓ 어려운 일들을 처리한다.
- ✓ 문제를 해결하기 위해 행동을 취한다.

사교형(Influential)

- ✓ 사람들과 잘 교류한다.
- ✓ 좋은 인상을 준다.
- ✓ 다른 사람을 잘 설득한다.
- ✓ 동기 부여하는 환경을 만든다.
- ✓ 즐거운 분위기를 만든다.
- ✓ 열정적이다.
- ✓ 사람과 상황에 대해 낙관적이다.
- ✓ 그룹활동에 참여하고 남을 독려한다.

외향형 ↑

업무 지향형 ← D I / C S → 관계 지향형

↓ 내향형

신중형(Conscientious)

- ✓ 핵심지시와 기준에 주의를 기울인다.
- ✓ 핵심 세부사항에 중점을 준다.
- ✓ 익숙한 상황에서 일한다.
- ✓ 대인관계에 능하다.
- ✓ 정확성을 추구한다.
- ✓ 비판적 사고를 한다.
- ✓ 업무 수행평가에 치밀하다.
- ✓ 권위에 순응한다.

안정형(Steady)

- ✓ 보편적인 방식으로 업무를 수행한다.
- ✓ 현상을 유지한다.
- ✓ 끈기가 있다.
- ✓ 전문성을 꾸준히 발전시켜 나간다.
- ✓ 업무 수행에 집중한다.
- ✓ 충성심을 보인다.
- ✓ 다른 사람의 말을 잘 듣는다.
- ✓ 흥분한 사람을 가라앉힌다.

2. 자기 통제와 자율성

위에서 각자 진행한 DISC 행동 유형 검사 분석 결과와 이 장에서 배운 셀프 리더십 전략을 참고하여 다음의 주어진 환경에서 시간과 자원을 어떻게 활용할지 생각해 봅시다. 각 상황에 대해 읽고 자신만의 접근법을 생각해 보고 토론하세요. 유형 검사 결과에 따라 접근법이 다를 수 있습니다.

[상황 1]

현재 시간 12월 21일. 당신은 이번 달 말까지 쓰지 않으면 소멸될 1주일의 유급 연차 휴가가 있습니다. 그래서 내일부터 말일까지 휴가를 떠날 예정이었습니다. 이미 한 달 전부터 친구들과 제주도 여행 계획을 짜고 호텔과 비행기 표까지 예약을 마친 상태입니다.

그런데 팀에서 같이 일하던 동료가 급하게 수술을 받게 됐습니다. 이 동료는 내년 신제품 출시 관련 마케팅 전략 보고서를 연말까지 마쳐야 하는 상황이었습니다. 그리고 그 업무의 내용을 어느 정도 알고 있는 당신에게 그 일을 대신 맡아 달라는 긴박한 요청이 들어왔습니다. 이 일을 맡게 될 경우 그에 대한 성과급이나 다른 인센티브가 주어질 가능성이 높고 업무평가에도 긍정적인 영향이 있을 것 같습니다.

자, 당신은 이 상황에 어떻게 접근하시겠습니까? 한쪽을 선택할 수도 있지만 그 외에 다른 방법이 있는지 생각해 보세요. 옳고 그른 선택은 없습니다. 자신의 가치에 기반을 둔 결정을 하기 바랍니다.

No.	결정사항	내용
1	내가 중요하게 생각하는 것(가치)	
2	1번에 기반한 나의 선택 또는 그 외의 방법	
3	2번에 대한 목표 설정(SMART 기반)	
4	목표 성취를 위한 일의 순서(우선순위 정하기)	
5	목표 성취 후 그려보는 나의 모습(mental imagery)	
6	목표 성취 후 나에 대한 보상(self-reward)	

[상황 2]

당신은 최근에 직장을 옮겼습니다. 기존 직장은 출퇴근에 허비하는 시간이 많았고 퇴근 후 회식이라도 하는 날이면 밤늦게 들어오기가 일쑤였습니다. 이번 직장은 일의 프로세스를 세분화시켜 진행 단계에 따라 각자가 마감 시한을 두고 그때까지 할 일을 마치면 되는 구조라서 1인 재택근무가 기본입니다.

그래서 예전 직장에서는 일정대로 움직였던 하루 일과가 이제는 완전히 달라졌습니다. 마감 시한을 중심으로 일이 진행되고 또 1인 재택근무의 형태이다 보니 한 프로세스를 끝내고 나면 손에서 일을 놓게 되고 마감 시한이 가까워질수록 작업량이 많아집니다. 또 하나는 사람들과의 교류가 없다는 점입니다. 혼자 일하다 보니 예전 직장에서 동료들과 어울리던 때가 그립기도 합니다.

이런 상황에서 당신은 어떻게 하시겠습니까? 갑자기 바뀐 업무 환경에 어떻게 적응할지 생각해 보세요. 방법의 좋고 나쁜 기준은 없습니다. 본인의 업무 스타일과 성격 등을 고려하여 자신만을 위한 환경 적응 방법을 생각해 보세요. 연습문제 1에서 진행한 'DISC 유형 검사'와 〈표 7-3〉 '셀프 리더십 전략'을 참고하세요.

No.	생각해야 할 것	내용
1	나의 성격	
2	내가 선호하는 작업 환경	
3	즐겁거나 동기부여를 주는 것	
4	일과 삶의 균형을 위한 나만의 방법	
5	4를 위한 구체적 전략 (셀프리더십 전략 참고)	
6	나의 결단 또는 선언 (오늘부터 ...하겠다)	

3. 그룹 활동: 스타트업 창업하기

(1) 4~5명 정도로 그룹을 만들고 그룹 멤버들과 스타트업 회사 창업을 앞두고 있다고 가정해 봅시다. 각자 전공 영역이 뭔지 공유한 후 아이디어를 내고 회사 이름과 사업 아이템을 정하세요.

(2) 이제 회사의 미션, 비전, 목표를 세워 봅시다. 목표 단계에서 SMART 목표 설정 방법을 사용하고 비전에 대해 최소한 2~3개의 목표를 정하고 세부 계획을 만드세요.

(3) 가능성 있는 스타트업 투자 아이템을 찾고 있는 투자자가 있다고 가정하고 여러분은 이 투자자 앞에서 내용을 발표하게 됩니다. 발표 후 각 멤버는 자신의 그룹을 제외한 나머지 그룹 중 발표 내용이 가장 마음에 든 그룹에게 한 표를 행사할 수 있습니다. 가장 많은 표를 얻은 그룹은 이 투자자로부터 창업 기회를 얻게 됩니다.

회사명

미션

비전

목표 1

목표 2

목표 3

Goal1

- S
- M
- A
- R
- T

Goal2

- S
- M
- A
- R
- T

Goal3

- S
- M
- A
- R
- T

CHAPTER

08 구성원 이해

학습목표

구성원, 리더십, 조직문화의 상관관계를 이해하고 이를 개인과 리더로서 자신에게 적용할 수 있다.

1. 조직구조의 공통요소를 이해하고 각 요소를 예를 들어 설명할 수 있다.
2. 리더와 구성원의 관계를 파악하고 제시된 조직문화의 문제점을 말할 수 있다.
3. 구성원의 동기부여 방법을 습득하고 자신에게 적용, 발표할 수 있다.
4. 구성원의 다양성을 이해하고 구성원과의 파트너십 형성의 예를 설명할 수 있다.

들어가기 전에

1. 다음 질문들에 답하고 토론해 보세요.

   1) 여러분이 일하게 될 회사나 단체 등 조직을 상상해 봅시다. 먼저 같은 공간에서 함께 일하는 사람들이 생각날 것입니다. 이 사람들에 관해 가장 먼저 떠오르는 말이나 이미지는 무엇인가요? 아래에 적어보고 왜 그 말이나 이미지가 떠올랐는지 토론해 봅시다.

   ____

   ____

   2) 미래의 조직의 구성원으로서 자신에게 가장 중요한 것은 무엇이라고 생각합니까? 아래 선택사항을 보고 가장 중요한 것부터 순서대로 1번부터 번호를 적어 나열해 보세요. 그리고 가장 중요하다고 생각한 요소와 가장 덜 중요하다고 생각한 요소를 옆 사람과 공유하고 왜 그렇게 생각하는지 함께 얘기해 보세요.

   □ 조직에 대한 소속감
   □ 과업 성취
   □ 일에 대한 동기
   □ 자기 개발과 성장 가능성
   □ 다양성 존중
   □ 서로에 대한 친밀감
   □ 그 외 ____________

2. 6장 도입 부분의 2번의 두 사건일지를 보면서 작성해 보세요.

1) 이 두 사건이 일어났던 항공기와 선박을 상상하면서 그 구성원들, 다시 말해 승무원들의 입장에서 다음의 표에 나와 있는 사항들에 대해 가상의 내용을 적어보고 옆 사람과 토론해 보세요.

내용	항공기	선박
업무 환경 또는 분위기		
승무원의 역할		
일에 대한 승무원의 인식		
동료들과의 관계		

2) 위의 사건이 국제선이나 국제 크루즈에서 일어났다고 가정해 봅시다. 서로 다른 국적의 승무원들 간에 자유롭게 의사소통이 안 될 경우 어떤 방법을 사용하는 것이 좋을까요? 창의적으로 생각해 보고 서로 아이디어를 나눠 보세요.

1 조직의 이해

1) 조직 구조의 공통 요소

우리가 앞서 5장에서 조직에 대해 구체적으로 배웠지만, 구성원을 이해하기 위해 먼저 구성원을 연결하는 조직의 정의를 상기시켜 보자. 사전적 의미로 조직은 '기업체, 사회, 협회와 같이 특정한 목적을 가지고 조직된 사람들의 집단'이다. 조직이나 조직 구조의 구성 요소나 필수 요소는 학자에 따라 그 분류법이 다르지만 우리는 여기서 에드가 쉐인이 제시한 조직 구조의 4가지 공통 요소를 살펴본다.

표 8-1 조직 구조의 공통 요소

조직의 요소	내용
공동의 목표 (Common Goal)	조직의 사명(mission), 비전, 전략, 가치 등에 대한 이해를 통해 조직 구성원들을 결합하는 요소
협력 (Coordinated Effort)	공동의 목적 달성을 위해 개별 구성원의 노력을 집단적인 노력으로 조직하는 요소
분업 (Division of Labor)	서로 다른 구성원들이 더 큰 효과를 내기 위해 개별적인 업무를 수행하도록 조직하는 요소
권한체계 (Hierarchy of Authority)	적절한 시기에 적절한 역할을 할 수 있도록 적절한 구성원을 배치하는 명령체계를 통해 조직의 구성원들이 빠른 결정을 할 수 있게 하는 요소

출처: Shein(2010) 기반 재구성.

2) 조직 구조의 공통 요소 이해

위 조직 구조의 공통 요소에 기초하여 기업을 예로 들어 다음의 사항들이 조직 구조의 어느 요소에 해당하는지 생각해 보자.

(a) 신입사원에 대한 기업의 윤리경영, 행동강령, 비전, 장 · 단기 목표에 대한 교육
(b) 목표 성취를 위해 부서 간 원활한 소통을 통한 인적, 물적 자원의 최대 활용
(c) 목표 성취를 위한 효율적 업무 분장에 관한 의사 결정
(d) 사원이 가진 능력과 기술에 기반한 업무 배분

먼저 (a)는 '공동의 목표'에 해당한다. 신입사원들은 각 직무에 임하기 전에 한 조직의 구성원으로서 자신이 속해 있는 회사의 경영 철학, 기업 문화, 그에 따른 적절한 행동 양식, 회사의 비전과 목표에 대한 교육을 통해 기업이 추구하는 바를 이해하고 그것을 목표로 공동체 의식을 형성한다.

(b)는 '협력'에 해당한다. 이는 목표 달성을 위해 각 부서의 특화 또는 전문화된 자원들이 서로 힘을 합쳐 일하는 것을 의미한다. (c)는 부서 간, 또는 구성원 간에 어떻게 효율적으로 적절하게 일을 분배할 것인가를 결정하는 것이므로 '권한 체계'에 해당한다. 마지막으로 (d)는 '분업'으로 구성원의 전문 분야와

기술을 고려하여 각자가 최대한 능력을 발휘할 수 있도록 조직하는 요소이다.

협력과 분업은 그 개념이 혼동될 수 있으나 협력은 서로 다른 요소들을 공동의 목표를 위해 함께 활용하는 것이 그 중점이 되고, 분업은 공동의 목표를 위해 업무를 나누는 것이 중점이 된다.

2 조직 문화, 리더십, 구성원

1) 조직 문화

위의 조직 구조의 각각의 공통 요소를 살펴보면 빠지지 않는 키워드가 있다. 바로 '구성원'이다. 이 구성원들의 조직 내에서의 역할과 업무 수행 방식은 조직의 문화와 리더십의 유형에 따라 달라질 수 있다. 조직 문화 이론 중 우리는 Quinn의 경쟁가치 모델 기반 4가지 조직 문화와 그에 따른 리더십 유형을 살펴보기로 한다.

[그림 8-1] 조직문화의 4유형에 기초하여 다음의 예를 보고 어떤 조직 문화가 사례에 적용될 수 있는지 생각해 보자.[1)]

(a) 맥도날드 성공 매장의 동일한 프로세스를 통한 다른 나라로의 지점 확장
(b) 1970년 롯데제과의 자사 껌 포장지 공급을 위한 동방 알미늄 인수
(c) 이직이 드물고 직원의 충성도가 강하며 직원에 대한 평생 책임을 지는 파나소닉
(d) 한 과제에 구성원을 배치하고 과제 완수 후 해체되는 프로젝트 단위 중심의 NASA

1) 예제 및 설명 출처: 태니지먼트 장영학 강좌(https://www.youtube.com/watch?v=D1xGUUYa8TQ).

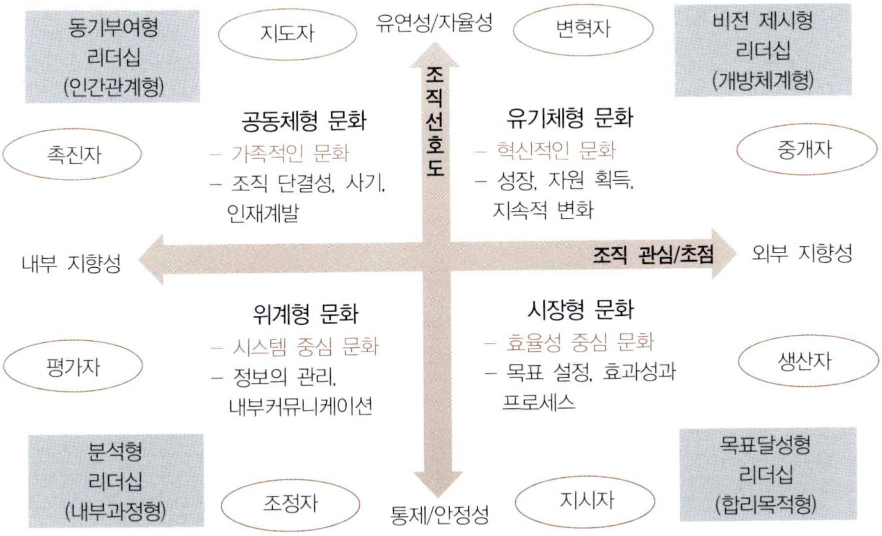

그림 8-1 **경쟁가치 모델 기반 조직 문화의 4가지 유형과 리더십**

출처: 라이프조선(2011.11.14). 알찬 조직문화 만들기, 4가지 모델을 살펴라. 2편; 최찬기(2007) 기반 재구성.

(a)는 위계형 문화로, 같은 프로세스의 반복과 그 프로세스에 대한 노동력의 숙달을 통해 조직을 확장한다. 환경 변화가 없는 경우 적합하지만, 환경에 변화에 취약하다는 단점이 있다.

(b)는 시장형 문화로, 내부적 외부적 거래의 이익을 따져보고 가장 이익을 많이 창출할 수 있는 거래에 중점을 둔다. 롯데제과는 껌 포장지의 외부제작보다 자체 제작이 더 이익을 가져온다는 판단하에 동방 알미늄을 인수한 경우다.

(c)는 공동체형 문화로, 조직의 구성원들은 가족과 같이 여겨진다. 도요타, 혼다, 소니 등 직원들의 충성도가 높으며 기업은 직원들을 책임지는 일본의 기업들이 대표적인 예다.

(d)는 상황과 필요에 따라 주어지는 과제, 즉 프로젝트 단위의 업무를 수행하기 위한 유기적 문화가 필요하다. 애자일(Agile) 조직으로 가장 위계성이 없으며 생산성보다는 변화, 혁신, 기술 등이 주제인 문화이다(태니지먼트, 2020).

2) 리더십 유형

조직 문화가 내부 지향적인가 외부 지향적인가, 또는 유연성과 자율성을 추구하는가, 통제와 안정을 추구하는가에 따라 리더십의 유형이 달라진다. 예를 들어 변혁자와 지도자의 경우, 두 유형 다 유연성과 자율성을 추구하는 리더지만 변혁자는 외부 지향적이며 지도자는 내부 지향적이라는 차이가 있다.

다음의 표는 리더십 유형과 역할을 내용별로 정리한 것이다. 각 리더의 역할에 따라 조직 문화의 중점이 되는 부분을 눈여겨보면서 조직의 구성원들에게 강조되는 역량이 어떤 것일지 생각해 보자.

표 8-2 리더십 유형과 역할

리더십 유형	리더의 역할	내용
비전 제시형 (창의성 지향)	변혁자 (Innovator)	- 명확한 조직의 비전과 공유 가치 설정 - 창의적 사고를 통한 조직 변화와 혁신 주도 - 새로운 조직가치 창출로 변화 관리
	중개자 (Broker)	- 권력 구축, 유지 - 조직외부에 조직 대변, 협상 관리 - 외부로부터 정보와 자원 획득, 아이디어 제공
동기부여형 (협력 지향)	지도자 (Mentor)	- 자신과 타인의 이해 - 부하의 업무지도 및 육성, 개발 - 효과적인 의사소통
	촉진자 (Facilitator)	- 조직 효율성을 높이기 위한 팀워크 구축 - 참여적 의사 결정 유도 - 대인간 갈등 관리
분석형 (통제 지향)	평가자 (Monitor)	- 개인과 조직의 수행성과 및 효과성 정기적 모니터링 - 모니터링을 통한 정보 입수와 조직 수행 관리 - 평가와 피드백 제공
	조정자 (Coordinator)	- 상하 간 또는 조직 vs 고객 분쟁 최소화 - 계획과 제안 검토, 평가를 통한 방향 조정
목표달성형 (경쟁 지향)	지시자 (Director)	- 조직 목표 설정과 조정 - 솔선수범 - 효과적 권한 위임 등을 통한 조직 관리
	생산자 (Producer)	- 생산적인 작업 - 생산적인 작업환경 조성 - 시간/스트레스 관리

출처: 박지성, 옥지호(2019); 최찬기(2007) 기반 재구성.

3) 구성원의 목소리 듣기

위의 내용을 기반으로 사례를 통해 한국 기업의 구성원들의 목소리를 듣고 이들이 조직 문화와 리더십에 바라는 것이 무엇인지 알아보자.

다음에 나오는 사례들은 한국 기업문화에 대한 실제 조사에서 기업의 사원들이나 CEO를 인터뷰한 내용이다.[2] 위의 리더십 유형을 참고하여 어떤 유형이 리더십 강화를 통해 이 구성원들의 목소리를 반영할 수 있는지 분석해 본다.

사례 1

"소통을 활성화한다고 복장 자율화하고, 직급 호칭을 없앴는데 의견을 잘 듣지 않는다. 듣더라도 보고 과정에서 이도 저도 아닌 어정쩡한 제도로 변질되곤 한다. '청바지 입은 꼰대'들이 따로 없다."

문제점	이해와 효과적인 의사소통의 부재, 참여적 의사 결정 필요
개선방법	멘토나 촉진자 등 동기부여형 리더십을 통한 소통과 참여의 활성화

사례 2

"세상이 너무 빠르게 변하고, 몇 개월 후도 예측이 안 되는데 우리는 어떤 방향으로 나가겠다는 것인지, 대안이 있는 것인지 불안하다. 예전처럼 3년짜리, 1년짜리 전략을 만드는 것이 더 이상 의미 없는 세상이 된 것 같다. 미래가 보이지 않는다. 경영진도 뭘 해야 할지 모르는 것 같다."

문제점	명확한 조직의 비전 부재, 주도적으로 혁신과 변화를 가져올 리더십 필요
개선방법	변혁자, 즉 미래에 대한 확실한 방향성을 제시하고 조직을 주도적으로 이끌어갈 비전 제시의 리더십 필요

2) 대한상공회의소(2020. 4. 8).

사례 3

"나눠먹기, 몰아주기 평가가 여전하다." "연공이 성과에 우선한다."

문제점	잘못된 평가 방식으로 인한 공정성 부재, 객관적 피드백에 기반한 평가 필요
개선방법	객관적 평가와 평가의 방향 조절을 위한 평가자와 조정자, 즉 분석형 리더십 필요

사례 4

"중간 관리자들의 역할이 부재하다. 일은 대리/과장이 다하고 부장들은 월급 두 배 받으면서 아무것도 하지 않고 있다."

문제점	중간 관리자들에 대한 업무 평가와 효과적 권한 위임을 통한 조직 관리 부재
개선방법	분석형 리더로서 평가자와, 적절한 권한 부여 및 분배를 위한 지시자

마지막으로 한 CEO와의 인터뷰 내용이다. 한국의 현실에서 이 CEO의 말이 시사하는 내용이 무엇인지 숙고해 보자.

사례 5

"그동안에는 무엇을 해야 할지 알고 위에서 가이드라인을 줄 수 있었다. 더 이상 그런 방식은 통하지 않는다. 구성원들이 알아서, 적극적으로 아이디어를 제시하고 시도를 했으면 좋겠는데 아무도 아이디어를 내지 않는다. 그런 문화가 없다."

조직 문화에 따른 리더십 유형에서 보다시피 리더의 유형은 조직 문화를 반영한다. 그리고 한 조직 문화는 그 조직의 구성원이 속해 있는 국가와 그 문화권의 영향을 받을 수 있다. 이 CEO의 인터뷰는 창의성을 길러주는 교육의 부재, 획일성, 집단주의, 다양성을 허용하지 않는 사회 분위기 등의 요인으로 인해, 실제로 자기 주도성을 갖춘 구성원들을 찾아보기 힘든 현실을 토로하고 있다.

우리가 기억해야 할 것은 변화와 혁신은 리더의 구체적 비전 제시와 함께, 구성원들이 적극적이고 주도적으로 아이디어를 내고 그러한 아이디어가 받아들여지고 실행될 수 있는 조직 환경과 문화가 함께해야 가능한 것이라는 것이다. 변화와 혁신은 환경과 자기 주도성을 바탕으로 리더와 구성원들이 함께 이루어 나가야 한다.

Try it out!

한국의 근로 환경은 많은 변화를 겪고 있습니다. 특히 기술 발전과 함께 원격 근무 등 유연한 근로 형태가 정착되고 있습니다. 이에 따라 근로자들의 일과 삶에 대한 균형이 중요하게 여겨지고 있습니다. 기업들도 이러한 변화에 맞춰 근무 환경을 다양화 하려는 노력을 하고 있습니다.

이제 여러분이 자신의 전공 분야나 관심 분야에서 스타트업 기업의 창업자라고 가정해 봅시다. 여러분은 어떤 제도나 복지를 통해 직원들의 요구를 충족시키겠습니까? 아래 사항에 대해 직원들에게 어떤 제도나 복지를 제공할지, 또 이를 어떤 방법으로 결정할지, 어떻게 실행하고 정착시킬지를 토론해 보세요.

1) 근무환경의 다양화
2) 일과 삶의 균형
3) 직원들의 자기개발과 성장

그림출처: Creative Commons

3 구성원의 동기부여

조직문화가 중요한 이유는 그 구성원들로 하여금 높은 성과를 내게 하기도 하고 성과를 떨어뜨리기도 하기 때문이다. 높은 성과를 도출하기 위해서는 구성원들에게 업무에 대한 동기부여를 하는 것이 중요하다.

1) 총동기(Total Motivation)

구성원들의 성과를 이끄는 동기는 직접동기와 간접동기로 분류된다. 직접동기는 성과를 높이는 동기이고 간접동기는 성과를 떨어뜨리는 동기이다(Doshi

& McGregor, 2015).

표 8-3 총동기(Total Motivation)

직접 동기	일의 즐거움(play)	일을 하면서 일 자체에서 직접적인 동기부여를 받을 때 "나는 일하니까 즐겁다."
	일의 의미(purpose)	일의 결과가 자신의 가치에 부합할 때 "나는 일의 결과가 가져오는 영향력에 가치를 둔다."
	일을 통한 성장(potential)	일의 결과가 자신의 신념과 가치에 이익을 줄 때 "나는 일이 나의 잠재력을 키워주기 때문에 일한다."
간접 동기	정서적 압박감 (emotional pressure)	어떤 외부의 힘이 당신의 가치를 위협할 때 "나는 나 자신이나 다른 사람을 실망시키고 싶지 않아서 일한다."
	경제적 압박감 (economic presssure)	외부의 힘이 일하게 만들 때 "나는 보상을 얻거나 처벌을 피하기 위해 일한다."
	타성(inertia)	동기가 없고 왜 일하고 있는지를 모를 때 "나는 어제도 일했으니 오늘도 일한다."

출처: McGregor & Doshi(2015).

구성원들의 직접동기가 높을수록 조직의 총동기 지수가 높아지게 되고 간접동기가 높을수록 조직의 총동기 지수는 낮아지게 된다. 총동기 지수가 높은 조직은 높은 성과 도출로 이어진다.

한국인들은 간접 동기가 일하는 주된 동기였으나 조금씩 직접 동기로 옮겨가고 있는 추세이다. 특히 코로나 이전과 이후의 응답이 많이 달라졌는데 코로나 이전에 실시된 조사에 따르면 한국인들의 일하는 가장 큰 이유는 '돈'이었다.[3] 그러나 코로나 이후 실시된 조사에서는 '직장 내 인간관계'가 직장인들의 회사생활 만족도에 가장 큰 영향을 끼치는 요인이었으며 그 다음이 근무환경, 연봉 순이었다.[4] 특히 직장생활 10년 미만의 직장인들은 첫 직장에 계속 근무하는 이유로 '적성에 맞는 직무'를 가장 큰 이유로 꼽았다. 퇴사하는 가장 큰 이유도 마찬가지로 '적성에 맞지 않는 직무'였으며 낮은 연봉은 그 다음이었다.[5] 이는 한국인의 일하는 동기가 경제적 압박감이나 보상에서 벗어나 일

3) Moneys (2017. 5. 18).

4) 나우앤서베이 (2023. 8. 21).

5) 잡코리아 (2022. 12. 9).

에서 직접 동기를 얻는 쪽으로 바뀌고 있다는 것을 의미한다.

2) 잡 크래프팅(Job Crafting)

그렇다면 구성원들의 직접동기를 높일 수 있는 방법은 어떤 것이 있을까? 조직의 구성원들에게 동기부여를 통해 직접 동기를 높이고 몰입도를 향상시키는 한 가지 방법으로 잡 크래프팅이 있다. 잡 크래프팅은 구성원들이 스스로, 능동적으로 일의 의미를 찾아내게 하여 그들의 과업, 관계, 일에 대한 인식을 근본적으로 바꾸는 것이다(Berg, Dutton, & Wrzesniewski, 2013). 잡 크래프팅은 다음과 같이 세 가지 유형으로 구분된다.

표 8-4 잡 크래프팅

크래프팅 유형	내용
과업 (Task crafting)	- 자신의 역할을 능동적, 자발적으로 정하는 것 - 책무를 더하거나 빼거나 책무의 성격을 바꾸거나 시간 분배를 바꾸는 것 예) 요리사가 음식을 제공할 때 고객을 위해 훌륭한 플레이팅을 하는 것
관계 (Relationship crafting)	- 사람들과의 교류의 유형이나 성격을 재구성하는 것 - 과업을 같이하거나 정기적으로 대화 및 교류하는 사람들을 바꾸는 것 예) 마케팅 매니저가 사용자 인터페이스에 대해 배우기 위해 앱 디자이너와 교류하면서 창의적 아이디어를 짜는 것
인식 (Cognitive crafting)	- 일에 대한 마인드, 관점, 인식을 바꾸는 것 - 일에 대한 의미를 찾거나 만들어내는 것 예) 호텔의 침대 시트를 가는 것은 청소의 개념이 아니라 고객의 여행을 더 편안하고 기억에 남게 해주기 위한 것

출처: Moore(2020) 기반 재구성.

잡 크래프팅의 원리는 구성원들에게 직무에 대한 책임을 맡겨 이를 통해 구성원들이 수혜자가 되도록 하는 것이다(Moore, 2020). 이를 위해서는 잡 크래프팅이 구성원들의 자발성, 자율성에 기초를 두어야 한다. 그러므로 조직 차원에서 명시하고 도입, 시행하는 것보다는 조직 문화의 일부분으로서 자연스럽게 분위기를 조성하고 구성원들로부터 정착되도록 유도하는 것이 바람직할 것이다.

잡 크래프팅은 조직의 성과와 구성원의 일에 대한 만족감과 성장을 가져오는 등 많은 장점이 있으나 좀 더 적극적인 구성원들일수록, 책무가 좀 더 유연할수록 잡 크래프팅이 더 효과가 있기 때문에 구성원들의 성격이나 책무의 차이점 등으로 인해 모든 구성원에게 골고루 적용되지 못하는 등의 단점 등이 고려되어야 한다(Moore, 2020).

Try it out!

대학 졸업 후 직업을 가지게 된 상황을 가정하고 직접 동기를 높일 수 있는 방법을 생각해 보세요. 어떤 일자리인가요? 구체적인 업무와 조직의 환경 등을 떠올려 보세요. 위에 나온 총동기(Total Motivation) 표를 보고 3가지 직접 동기를 참고하여 다음 표와 그림의 질문에 대해 답을 적어 보세요.

나의 직업	
구체적 업무	

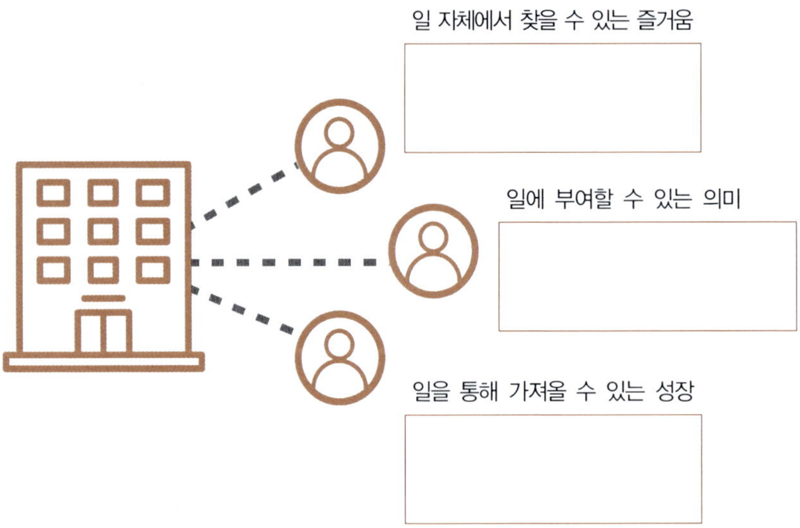

4 글로벌 시대의 구성원의 이해

6장에서 우리는 애자일 조직의 특징에 대해 배웠다. 영어 단어 agile이 '기민한' 또는 '민첩한'을 의미하는 것처럼 애자일 조직은 불확실하고 끊임없이 변하는 환경 변화에 민첩하게 대처하고 적응하는 조직을 의미한다(Roberts & Grover, 2012).

또 여러 분야와의 융합, 협력, 경쟁사와의 네트워킹까지 의미하는 '연결성', 조직 구성원 개개인의 최대 역량 발휘를 의미하는 '증폭성', 지역과 세대 차이 극복을 위한 '보편성' 등을 생각해 볼 때 이제 우리는 한 지역, 한 나라에만 국한되는 지엽적인 관점을 벗어나 글로벌한 시각과 자세를 갖춰야 할 필요가 있다.

또한 국가 간 기업의 공동 개발과 연구가 진행되고, 그 기술을 활용하는 데 있어 국적보다는 전문성을 중심으로, 또 경제 구조의 변화와 요구에 따라 이주나 인적 자원의 교류가 활발하게 이루어지면서, 특히 다국적 기업이나 공장 등으로부터 시작하여 여러 나라 출신의 사람들과 교류하는 것이 더 일반적인 것이 될 것이다.

1) 다양성의 이해

경제협력개발기구(OECD)에 따르면 이주 배경 인구가 한 국가의 총 인구의 5% 이상이 될 경우 다문화 · 다인종 국가로 분류한다. 한국은 2019년 국내 체류 외국인 252만명으로 총 인구 대비 외국인 비율이 역대 가장 높은 4.89%를 기록했다. 이후 코로나19의 영향으로 잠시 줄었다가 2023년 말에 약 251만명으로 2019년 수준을 거의 회복하였다.[6] 이 추세라면 한국은 곧 다문화 · 다인종 국가가 될 것이며, 이는 한국의 사회 구성원이 인종, 문화, 언어에 있어 점점 다양화되고 있다는 것을 의미한다.

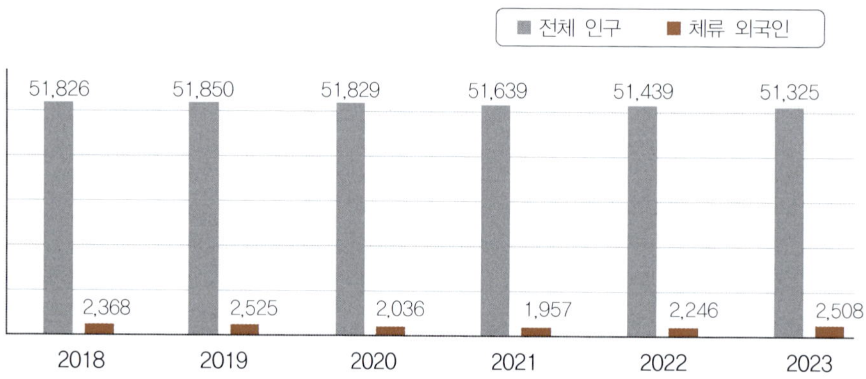

그림 8-2 **연도별 인구대비 체류 외국인 현황(단위: 천명)**

출처: 법무부 출입국 통계 (2024).

다문화 사회는 우리의 선택이 아니라 세계화(globalization)의 산물이다. 한국의 경우, 1988년 이후 이주 노동자들이 3D 업종에 종사하게 된 것을 시작으로 현재 이주 노동자들은 한국인이 기피하는 모든 업종에서 일하고 있다. 한 조사에 따르면 중소기업의 경우 이주 노동자를 고용하는 이유로 '내국인을 구할 수 없어서'라는 응답이 80%를 차지했다.[7]

---

6) 법무부 출입국 통계 (2024).

7) 서울신문 (2019. 9. 25).

그러나 한국의 '다양성 포용도'는 조사대상 27개국 중 26위를 차지했다.[8] 이 같은 사회의 성향은 조직의 개방성에도 역시 영향을 미칠 것이다. 조직은 다양성을 글로벌 시대에 필수적인 경쟁력으로 여길 필요가 있다. 예를 들어 한 기업이 베트남으로 사업을 확장하기 위해 사전 시장 조사를 실시한다고 가정해 보자. 이런 경우, 베트남어를 구사할 수 있는 한국인보다는 베트남의 민족, 문화, 언어적 배경을 가진 조직의 구성원이 현지 접근성에 있어 더 뛰어날 것이다. 이처럼 다른 문화와 언어의 포용을 통해 전체 구성원들의 글로벌 경쟁력을 높이는 것은 조직의 글로벌 시장에서의 성공 가능성을 더 높여줄 것이다.

2) 세대의 이해

한국은 여러 분야에서 갈등을 겪어 왔다. 세대 갈등, 남녀 갈등, 이념 갈등, 지역 갈등, 계층 갈등 등이 국가의 발전과 사회 통합을 위한 과제로 남아있다. 직장 내 세대 갈등에 대한 한 조사를 보면 한국의 기업 내 세대간의 가치관과 인식의 차이가 극명하게 드러난다.[9]

이 조사에 따르면 세대 차이는 40, 50가 더 높게 체감했지만 세대 차이가 업무에 미치는 부정적 영향에 대해서는 20, 30대가 더 높게 체감하고 있었다. 조직에 대한 신뢰도는 50대가 가장 높았고 20, 30대는 조직에 대한 신뢰가 상사에 대한 신뢰보다 더 낮았다. 또 20, 30대는 '조직이 성장해야 내가 있다' 또는 '조직을 위해 개인을 희생할 수 있다'는 항목에서 40, 50대에 비해 그렇다는 응답이 훨씬 낮았다.

이 조사는 이러한 세대 갈등의 원인을 40, 50대의 집단주의 성향과 20, 30대의 개인주의 성향의 차이로 분석하고, 조직과 리더가 구성원과 환경의 변화를 따라잡지 못하고 있다고 보았다. 다음은 과거와 현재의 내, 외부 환경에 대한 세대간 인식 차이를 보여준다.

8) 연합뉴스 (2018. 6. 17).
9) 대한상공회의소 (2020).

표 8-5 과거와 현재 조직의 환경 변화와 세대 간 시각 차이

환경	과거	현재
내부환경	"조직이 있어야 내가 있다" "답답해도 상사가 시키는데…"	"조직을 어떻게 무한신뢰 하나요?" "효율적이고 합리적일 수는 없나요?"
외부환경	비슷비슷한 기업문화 정보가 제한적인 사회 평생고용에 대한 신뢰로 시작 로컬 중심	기업문화 다양화, 차별화 평판사회 평생 고용에 대한 낮은 기대 글로벌 확장과 경쟁

출처: 대한상공회의소(2020) 기반 재구성.

보고서는 이를 극복하기 위한 방안으로 구성원이 몰입할 수 있고 성장할 수 있는 조직 문화가 필요하며, 조직을 '가족'의 개념이 아니라 '프로팀'의 관점으로 볼 것을 제안한다. 즉, 열정페이를 강조하고 보상 없는 헌신을 요구하며 서열과 관행 중심의 폐쇄적 조직 운영으로부터, 구성원과 파트너십을 형성하고 이들을 팀의 목표와 성과를 위해 육성하고 지원하며, 성과에 따른 적절한 보상을 하는 개방적이고 유연한 조직 문화와 리더십을 제안하고 있다. 이는 환경 변화에 단지 대처하고 살아남는 것을 넘어, 구성원 개개인을 곧 조직의 경쟁력으로 이어지게 함으로써 조직이 시대적 변화와 요구에 부응하고 앞서갈 수 있는 길이 될 것이다.

연습문제

1. 총동기 진단과 잡 크래프팅

자신의 총동기를 진단해 보세요. 이 진단지는 조직의 구성원에게 실시하여 팀이나 전체 조직의 총동기를 분석하기 위한 목적이지만, 여기서는 현재 여러분의 학업이나 그 외 일상적으로 하고 있는 다른 일에 대한 동기 진단으로 활용해 봅시다. 진단 후 직접동기와 간접동기 중 어느 쪽 동기가 더 높은지 분석해 보고 직접동기를 높일 수 있는 방법으로 잡 크래프팅을 활용해 보세요. 본문 〈표 8-3〉의 '잡 크래프팅'을 참고하세요.

※ 6개 질문 각각 해당 문항의 점수에 가중치를 곱하세요.

질문	전혀 그렇지 않다 1	2	3	4	5	6	매우 그렇다 7	점수	가중치	계(점수+가중치)
내가 이 일을 하는 이유는 이 일의 즐거움을 느끼기 때문이다.									10	
내가 이 일을 하는 이유는 이 일이 중요한 의미가 있다고 생각하기 때문이다.									5	
내가 이 일을 하는 이유는 이 일이 개인적 목표를 성취하는데 도움이 될 거라고 생각하기 때문이다.									2	
합계 (A)										
내가 이 일을 하는 이유는 내가 이 일을 하지 않으면 나 자신은 물론 내 주변의 가까운 사람들을 실망시키게 될 것 같아서다.									2	
내가 이 일을 하는 이유는 이 일을 그만둔다면 경제적 문제가 생길 것 같아서다.									5	
내가 이 일을 하는 데 특별한 이유는 없다. 단지 하던 일이다.									10	
합계 (B)										
(A) − (B)										

출처: 더밸류 정진호 가치관경영연구소.

■ 잡 크래프팅

유형	크래프팅 방법
과업 크래프팅	
관계 크래프팅	
인식 크래프팅	

2. 그룹 활동: 구인광고 제작하기

다음은 대한상공회의소의 '직장 내 세대갈등과 기업문화 종합진단' 보고서가 제시한 세대 갈등을 극복하기 위한 제언입니다. 3~4명씩 그룹을 지어 프로팀 같은 스타트업을 시작한다고 가정하고 구인광고를 함께 작성해 보세요. 구인광고를 통해 회사의 어떤 측면을 보여주고 싶습니까? 아래 제시된 4가지 영역인 체계, 조직문화, 리더, 팔로워와의 관계를 생각해 보고 지원자가 입사하고 싶게 만드는 구인광고를 제작해 보세요.

변화제언 **피상적 리더십 교육이 아닌,** 조직 전반의 체질개선 필요

	From : 가족 같은 회사		To : 프로팀 같은 회사
체계	▪ 불투명한 업무목표 ▪ 두루뭉술 프로세스 ▪ 온정주의 성과보상	>	▪ 공유된 목표 ▪ 명확한 역할 ▪ 공정한 평가
조직문화	▪ 조직에 대한 충성심 ▪ 관계·서열 기반 업무관행 ▪ 변화·다양성 불필요한 문화	>	▪ 조직과 개인 간 파트너십 ▪ 목표&업무 기반 업무관행 ▪ 유연성·개방성이 경쟁력인 문화
리더	▪ 지시를 내리고, 자식을 챙기는 '아버지'	>	▪ 팀 목표 달성과 선수육성 지원하는 '프로팀 코치'
팔로워	▪ 아버지 그늘 아래 머무는 '자식'	>	▪ 팀 성과 창출로 자기 몸값 상승을 노리는 '프로 선수'

출처: 대한상공회의소(2020).

WE want YOU!

참고문헌

고경희, 박미정, 박은진 (2016). 윈도우10 + 엑셀 & 파워포인트 & 워드2016 + 한글 2014 무작정 따라하기. 길벗.

국회미래연구원(2023). 2050년 대한민국 미래전망과 대응전략. 국가미래전략 Insight, 61호.

길벗알앤디 (2020). 컴퓨터활용능력 1급 필기. 길벗.

김경철, 신유안, 이성주, 고진영 (2017). NCS 직업기초능력 정보능력. 양성원.

김남국 (2017). 지금 당장 경영전략 공부하라. 한빛비즈.

김영주 (2016). 초보자도 쉽게 배우는 엑셀 2016 길라잡이. 정보문화사.

김유림 (2017. 5. 18). "직장인 만족도 조사, 일하는 이유 70%는 '돈'··· 10명 중 3명만 행복하다" MoneyS.

김종기 (2012). 엑셀과 액세스를 활용한 경영정보처리. 청람.

김종업 (2011). 전사적 기업예산관리: 이론과 실제(제2판). 갑진출판사.

김종훈 (2018). 소프트웨어 세상을 여는 컴퓨터 과학. 한빛아카데미.

김지유 (2011. 11. 4). "알찬 조직문화 만들기, 4가지 모델을 살펴라", 라이프조선.

김진규, 이일권, 이대은, 홍미영 (2019). NCS 정보능력. 한올.

김진호, 최용주 (2017). 빅데이터 리더십: 제 4차 산업혁명 시대 디지털 혁신을 위한 리더의 조건. 북카라반.

김태웅, 이우헌 (2020). 경영학원론(제3판). 신영사.

김태웅, 장영봉, 이우헌 (2023). 경영학원론(제4판). 신영사.

나우앤서베이(2023. 8. 21). '대한민국 직장인 삶의 만족도' 설문조사 결과.

남정호, 정경민 (2009. 1. 17). "침착한 조종사, 허드슨강의 기적을 만들다", 중앙일보.

대한상공회의소 (2018. 5. 15). "한국기업의 기업문화와 조직건강도 2차 진단 보고서", 보도자료.

대한상공회의소 (2020. 4. 8). "직장 내 세대갈등과 기업문화 종합진단 보고서", 보도자료.

대한상공회의소, McKinsey&Company (2020. 5. 15). 한국기업문화의 근본적 혁신을 위한 제언.

맥킨지(2017). 애자일 조직의 5가지 특징.

박지성, 옥지호 (2019). "조직문화 유형이 기업내부노동시장 활용에 미치는 영향에 관한 연구: 환경 역동성의 조절효과", **노동정책연구**, 19(4), 1-33.

박지환 (2019. 9. 25). "한국인 일자리 빼앗는다고요? 이 친구들 없으면 공장 문 닫아야", 서울신문.

신문수 (2020). 고용계약 기반의 생산자원 자가 조직화 매커니즘. **대한산업공학회지**, 46(3). 282-295.

이상서 (2018. 6. 17). "서툰 한국말에, 따돌림에...학교 떠나는 다문화 아이들", 연합뉴스.

잡코리아(2022. 12. 9). 직장인도 '진로 고민하는 시대'.

전용욱, 양채열, 김주헌, 전병준 (2016). **경영학산책**. 북넷.

정영철, 나영남, 박종민 (2015). **국가직무능력표준 정보능력의 이해**. 휴먼사이언스.

조남두 (2019). **현대인의 직업윤리(제3판)**. 동문사.

조성호 (2020). **초연결 사회를 위한 컴퓨터 개론**. 한빛아카데미.

천인국 (2018). **문제 해결과 컴퓨팅 사고**. 인피니티.

최찬기 (2007) "최고경영자의 리더십과 조직문화 유형이 조직유효성에 미치는 영향: 4대 대기업집단을 중심으로", 명지대학교 박사학위논문.

최훈, 전석환, 조극훈, 권오상 (2016). **현대 사회와 직업윤리(제2판)**. 강원대학교 출판부.

태니지먼트 (2020. 3. 30). 조직문화 유형엔 어떤 것이 있을까? - 로버트 퀸의 경쟁가치 모형 [조직문화 파헤치기]. [비디오 파일]. https://www.youtube.com/watch?v=D1xGUUYa8TQ&list=PLyAjRMJVCLLgvjUJChlt0Do8p2J-PzB9r&index=2

한국산업인력공단 (2017). 직업기초능력 정보능력 교수자용 워크북.

한국산업인력공단 (2017). 직업기초능력 정보능력 학습자용 워크북.

한국산업인력공단 (2017). 직업기초능력프로그램 자원관리능력 학습자용 워크북.

한국산업인력공단 (2017). 직업기초능력프로그램 조직이해능력 학습자용 워크북.

한국산업인력공단 (2017). 직업기초능력프로그램 직업윤리 학습자용 워크북.

한인수 (2014). **현대인적자원관리(제3판)**. 명경사.

Barker, J. (1991). The power of vision [Video]. In S. Ratcliffe (Ed.), *Oxford essential quotations*. Oxford University Press.

Berg, J. M., Dutton, J. E., & Wrzesniewski, A. (2013). Job crafting and meaningful work. In B. J. Dik, Z. S. Byrne & M. F. Stegar (Eds.), *Purpose and meaning in the workplace* (pp. 81-104). Washington, DC: American Psychological Association.

Bryant, A., & Kazan, A. L. (2012). *Self-leadership: How to become a more suc-*

cessful, efficient, and effective leader from the inside out. McGraw Hill Professional.

Cloninger, C. R. (2004). *Feeling good: the science of well-being.* Oxford University Press.

Cloninger, C. R., Svrakic, D. M., & Przybeck, T. R. (1993). A psychobiological model of temperament and character. *Archives of general psychiatry, 50*(12), 975-990.

Conger, J. A., & Kanungo, R. N. (1988). The empowerment process: Integrating theory and practice. *Academy of management review, 13*(3), 471-482.

Cotter, J. P. (1999). *What leaders really do.* A Harvard Business Review Book.

Doshi, N., & McGregor, L. (2015). *Primed to perform.* New York, NY: Harper Collins.

Drucker, P. F. (2010). *The frontiers of management: Where tomorrow's decisions are being shaped today.* Harvard Business Review Press.

Friedman, S. D. (2008). *Total leadership: Be a better leader, have a richer life.* Harvard Business Press.

Garcia D., Cloninger K.M., Lester N., & Cloninger C. R. (2017). Self-Directedness In Zeigler-Hill V., Shackelford T. (Eds.). *Encyclopedia of Personality and Individual Differences.* Springer, Cham.

IBK기업은행 (2020. 10), 조직구성의 가장 중요한 요소인 리더십: 나의 리더십 지수는? IBK기업은행 웹진, 49호.

KBS 뉴스광장(2024. 1. 25). 지구종말시계, 남은 시간은 90초. https://news.kbs.co.kr/news/pc/view/view.do?ncd=7874670

Manz, C. C. (1983). Improving performance through self-leadership. *National productivity review, 2*(3), 288-297.

Manz, C. C., & Neck, C. (2004). *Mastering self-leadership: Empowering yourself for personal excellence* (6th ed.). Prentice Hall.

Marston, W. M. (1928). *Emotions of normal people.* London: Paul, Trench, Trubner & Co., Ltd.

McGregor, L., & Doshi, N. (2015, November 25). How company culture shapes employee motivation. Harvard Business Review. https://hbr.org/2015/11/how-company-culture-shapes-employee-motivation

Moore, C. (2020. January 9). What is job crafting (Incl. 5 examples and exercises). PositivePsychology.com.

Plato (1804). Evens, R. H. (Ed.). *The laws.*

Prochaska, F., Sampayo, J., & Carter, B. (Nov 5, 2015). DiSC factors. https://ssrn.com/abstract=2686882 or 10.2139/ssrn.2686882.

Quinn, R. E., & Rohrbaugh, J. (1983). A spatial model of effectiveness criteria: Towards a competing values approach to organizational analysis. *Management science, 29*(3), 363-377.

Roberts, N., & Grover, V. (2012). Leveraging information technology infrastructure to facilitate a firm's customer agility and competitive activity: An empirical investigation. *Journal of Management Information Systems, 28*(4), 231-270.

Rubin, R. S. (2002). Will the real SMART goals please stand up? *The Industrial-Organizational Psychologist, 39*(4), 26-27.

Schein, E. H. (2010). *Organizational culture and leadership* (4th Ed.), John Wiley & Sons.

저/자/약/력

유한수

고려대학교 대학원 경영학과 재무론전공(경영학박사)
고려대학교 대학원 경영학과 재무론전공(경영학석사)
고려대학교 경영대학 경영학과 졸업(경영학사)
한국연구재단 학술지평가 전문평가단 위원
한국기업경영학회 부회장
한국전문경영인학회 상임이사
현) 극동대학교 미래교양대학 교수

강용혁

성균관대학교 전기전자및컴퓨터공학과 박사
한국전자통신연구원 위촉연구원
전자부품연구원 위촉연구원
한국정보처리학회 학회지 편집위원
현) 극동대학교 미래교양대학 교수

김은희

캔자스주립대학교 교육학 박사
캔자스주립대학교 현대언어학(TEFL) 석사
성신여자대학교 인문학부 졸업(인문학사)
순천향대학교 시간강사
캔자스주립대학교 ESL 프로그램 전임강사
현) 극동대학교 미래교양대학 교수

프로 사회인의 첫걸음 (2판)

1판발행 2021년 3월 1일 **1판 1쇄**
2판발행 2024년 9월 10일 **2판 1쇄**

지은이 유한수 강용혁 김은희
펴낸이 최용구 | **펴낸곳** **도서출판 이프레스**
주소 (04316) 서울시 용산구 원효로 89길 19 (원효로1가)
전화 02) 537-1720(영업부), 537-1721(편집부), 537-1711(팩스)
이메일 epress01@naver.com | **홈페이지** www.epress1.com
등록 2009년 12월 10일 제16-2710호
기획마케팅 최용구 장만동 최충구 송대용 | **책임편집** 석기은 황가연

ISBN 979-11-91348-60-6 93320
정가 17,000원